AF557014

advaita media

Amerikanische Originalausgabe:
A Path and a Practice. Using Lao-tzu's Tao Te Ching as a Guide to an Awakened Spiritual Life. Published by agreement with William Martin, c/o Ted Weinstein Literary Management

Deutsche Ausgabe, übersetzt von Anama Frühling, erschienen bei:
©advaitaMedia – *Weisheit aus der Stille*
Maria-Louisen-Str. 57, D-22301 Hamburg
www.advaitamedia.com
order@advaitamedia.com

Projektleitung, Lektorat: Lijoy Karikott, Hamburg
Cover, Satz: Frank Ziesing, Bielefeld
Tuschzeichnungen: Marlou Ludwig, Bielefeld
Druck & Bindung: C.H. Beck, Nördlingen

1. Auflage 2009

Bibliografische Information der Deutschen Nationalbibliothek:
Die Deutsche Nationalbibliothek verzeichnet diese Publikation in der Deutschen Nationalbibliografie; detaillierte bibliografische Daten sind im Internet über http://dnb.d-nb.de abrufbar.

ISBN 978-3-936718-14-0

William Martin

Der Weg der Weisheit

Das Tao Te King für den Alltag

Ein Leitfaden
für ein erwachtes, spirituelles Leben
nach Laotse

Aus dem Amerikanischen übertragen von Anama Frühling

advaita*media*

Für meine Lehrerin, Cheri Huber
In tiefster Dankbarkeit

Einführung

Es ist mir ein großes Vergnügen, Dich auf dem Weg und dem spirituellen Übungsweg, der sich im *Tao Te King* verbirgt, willkommen zu heißen. Dieser Klassiker der chinesischen Weisheitsliteratur, der vor fast 2600 Jahren geschrieben wurde, ist eines der beliebtesten und meist übersetzten Bücher der Welt. Traditionell wird Lao Tse als sein Autor betrachtet, ein chinesischer Weiser und Erwachter, der wohl im 5. Jahrhundert vor Christus lebte. Gelehrte streiten sich gerne darüber, ob Lao Tse tatsächlich der Autor des Tao Te King war oder nicht. Einige behaupten, dass es sich um eine Sammlung von Weisheiten verschiedener Autoren handelt. Für die Absichten dieses Buches ist das Thema nicht von besonderer Bedeutung. Wer immer der Autor oder die Autoren waren, ihnen gilt meine immerwährende Dankbarkeit. Ich werde den Namen Lao Tse benutzen, der wörtlich übersetzt „Der weise Jüngling" bedeutet, um dieser Dankbarkeit symbolisch Ausdruck zu verleihen.

Für mich ist Lao Tse's Buch immer viel mehr gewesen als nur eine schöne Sammlung chinesischer Weisheitsdichtung. Ich habe in ihm ein „Tao" gefunden, einen „Weg", der mich für die Erfahrung des Lebens in all seiner Schönheit und all seinem Schmerz geöffnet hat. Dieser Weg hat mich zu Bewusstheit und Achtsamkeit geführt und zu einem Leben im jetzigen Augenblick. Er hat mir außerdem eine Übungspraxis, einen Übungsweg geschenkt, die Möglichkeit, in Freiheit und Freude zu leben. Er hat mich sanft zu der Einsicht geleitet, dass meine konditionierten geistigen Gewohnheiten mich einschränken, mich ablenken und mir unnötiges Leiden bescheren. Für diesen Übungsweg danke ich Lao Tse, wer immer er war, aus tiefstem Herzen. Und es ist gerade dieses Gefühl von Dankbarkeit, das mich dazu veranlasst hat, meine eigene Übersetzung von Lao Tse anzubieten. Viele Jahre habe ich mich gegen dieses Projekt gesträubt, weil es schon so viele gute Übersetzungen gibt. Warum noch eine hinzufügen? Aber bei aller Schönheit und allem Wert, der ihnen eigen ist, hat bislang noch keine moderne Übersetzung die essentielle Ausrichtung des Tao als konkreten spirituellen Übungsweg, als Leitfaden zu einem erwachten Leben, ausgestattet mit praktischen Anleitungen, dieses Leben zu verwirklichen, eingefangen. Dieser Übungsweg ist es, der mich mit Freiheit und Freude gesegnet hat. Dieser Übungsweg ist es, den ich in diesem Buch vorstelle.

Um dir zu helfen, die Elemente dieses Weges aus Lao Tse's poetischem, paradoxen und irgendwo schwer greifbaren Stil herauszulösen, habe ich in dieses Buch zwei Teile eingefügt, die ich für nützlich halte. Der erste Teil, den ich „Der Weg“ genannt habe, ist ein Überblick, der die thematischen Hauptelemente dieses Weges darlegt. Dieser Überblick wird dir ein Gefühl für die spirituellen Themen vermitteln, die Lao Tse beständig in seine Poesie einwebt, indem er wieder und wieder zu ihnen zurückkehrt, jedes Mal von einem etwas anderen Blickwinkel aus.

Den anderen Teil habe ich „Der Übungsweg“ genannt. Er befindet sich am Ende des Buches und soll dir helfen, jedes von Lao Tse's Themen bis in die Tiefe zu erforschen. Ich habe davon abgesehen, diesen Teil als „Studienbuch“ zu bezeichnen, obgleich dieser Begriff häufig dafür benutzt wird. Studieren ist nicht die Form der Annäherung, die ich dir wünsche. Wie Lao Tse vielleicht sagen würde: „Etwas studieren ist nicht das gleiche wie etwas erfahren“. Du hältst Worte in deinen Händen, die einen lebendigen Übungsweg darstellen. Studiere ihn nicht. Erforsche ihn! Übe ihn! Gehe ihn!

Du bist nicht allein. Diesen Weg sind im Verlauf der Geschichte zahllose andere Menschen gegangen und diesen Weg gehen immer noch zahllose Pilgergefährten in diesem Augenblick. Jeder einzelne von ihnen, der einen Weg zum Erwachen, einen Weg zur Wahrheit und zur Bewusstheit dieses Augenblickes sucht, ist dein Gefährte auf diesem Weg, welches religiöse oder nichtreligiöse Etikett er auch zur Zeit tragen mag.

Ich würde gern so viel Weggemeinschaft zur Verfügung stellen wie mir möglich ist. Du kannst mich über die Website unseres Zentrums unter *www.thestillpoint.com* erreichen. Auf dieser Website wirst du Mittel finden, um Kontakt mit mir aufzunehmen und an Programmen und Gruppen teilzunehmen, die dir auf deinem Übungsweg helfen können. Ich führe mit einer begrenzten Anzahl von Menschen eine Schüler-Lehrer-Beziehung mittels E-Mail und Telefon und würde diese Möglichkeit sehr gerne auch mit dir ausprobieren.

Ich biete dir all meine Liebe und Unterstützung an.
Gassho (eine Verneigung in Liebe),
Bill Martin
Chico, Kalifornien

I. Der Weg

Der einzige Schritt, der auf deiner persönlichen Reise ins Erwachen nötig ist, ist der Schritt, der in diesem Moment vor dir liegt. Es ist tatsächlich der einzige Schritt, der dir möglich ist. Alle anderen Schritte entlang des Weges sind theoretisch und nicht real bis auch sie direkt vor dir auf deinem Weg liegen. Ich bin auf derselben Reise unterwegs und biete dir meine Begleitung an, so lange wie es nützlich für dich ist. Ich biete dir ebenso diese Einführung und diese Übersetzung von Lao Tse's wunderbarem Text, dem *Tao Te King*, an. Durch seine Schriften ist dieser alte Weise mein lieber Gefährte und Führer geworden, dem ich volles Vertrauen schenke. Es wäre mir ein Vergnügen, wenn wir drei für eine Weile zusammen auf diesem Pfad wandern würden. Dieses Buch bietet uns eine Struktur, in der wir genau das tun können. Bist du bereit, den nächsten Schritt zu tun?

Das erste, was wir zur Kenntnis nehmen müssen, ist, dass das *Tao Te King* kein linearer Text ist. Es breitet nicht zu Beginn seine Grundvoraussetzungen aus, baut auf ihnen auf und erweitert sie in logischem Fortschreiten. Jedes Kapitel ist ein kleines Gedicht, das einen Lebensausschnitt aus der Sicht von Lao Tse's Weg betrachtet. Das kann frustrierend sein für diejenigen von uns, deren Prägung und Konditionierung sie zu der Annahme verleitet, dass ein Buch methodisch aufgebaut sein muss, um nützlich zu sein.

Das Leben ist aber nicht methodisch. Wir nehmen wahr, dass das Leben sich linear entfaltet, weil unser Gehirn einen Moment nach dem anderen bearbeitet. Aber das Leben selbst ist in Wirklichkeit ein unendlich vielfältiger Tanz, an dem wir teilhaben, von dem wir jedoch nur ein paar begrenzte Ausschnitte zu sehen bekommen. Daher ist der Pfad der Bewusstheit und des Erwachens voller Biegungen und Windungen, voller Rastplätze und steiler Stufen. Manchmal muss man den Weg auch wieder ein Stück zurückverfolgen. All das erscheint nicht in einer erkennbaren Ordnung. Gerade wenn wir denken, wir könnten keine einzige Stufe mehr steigen, öffnet sich der Wanderweg auf eine zur Rast einladende Wiese. Gerade wenn wir es genießen, an einem plätschernden Bach entlang zu wandern, öffnet sich eine Schlucht und der Weg taucht ein in Schatten und Gefahr. Es ist ein sich ewig wandelnder Weg und jeder Moment, den wir auf diesem Weg reisen, ist neu. Auch Lao Tse's Buch über diesen Weg hat viele von diesen Eigenschaften.

Dieser uralte Weg ist in Jahrtausenden von zahllosen Pilgern bereist worden. Sie kamen aus allen Ländern und brachten eine wunderbare Vielfalt an kulturellen und religiösen Ausdrucksweisen mit sich. Sie nannten sich Taoisten, Buddhisten, Christen, Juden, Sufis, Atheisten und hatten noch viele andere Namen. Sie haben diesen Weg mit Mitgefühl und Achtsamkeit geschaffen. Ihr Mut hat uns einen Weg bewahrt, der allen Menschen ohne Ausnahme offen steht. All ihre Freuden und all ihre Sorgen sind Teil der Landschaft entlang dieses Weges geworden. Während du dahinwanderst und jeweils einen einzelnen Schritt machst, trittst du in ihre Fußstapfen. Das Einzige, was du brauchst, ist ein klein wenig Bereitschaft. Das Einzige, was du tun musst, ist deinen Fuß zu heben und den nächsten Schritt zu tun.

Es ist ein Weg der direkten Erfahrung

Über einen Weg sprechen,
ist nicht dasselbe
wie den Weg gehen.
Über das Leben nachdenken,
ist nicht dasselbe
wie leben.
(aus dem 1. Kapitel)

Lao Tse war weder Priester noch Anhänger eines religiösen Glaubenssystems. Er war ein geduldiger Beobachter des Lebensflusses. Er sah zu, wie der Wind die Wolken über den Himmel treibt und wie der Regen die Erde tränkt. Er sah zu, wie Flüsse durch weite Täler fließen und Bergschluchten hinabstürzen. Er sah zu, wie der Kranich geduldig am Seeufer auf einem Bein steht und wartet, bis das Wasser sich klärt und die Sicht auf einen Fisch freigibt. Er betrachtete die zufrieden im Matsch sitzende Schildkröte. Er beobachtete, wie die Ernte im einen Jahr gut ist und im nächsten Jahr schlecht. Er sah zu, wie die Jahreszeiten kommen und gehen. Er sah das Wunder aller Dinge, die steigen und fallen, kommen und gehen, leben und sterben. Er verstand schließlich, dass dieses Wunder nicht in Worten und Konzepten eingefangen werden kann. Man kann darüber sprechen, aber es niemals einfangen. Man kann darüber nachdenken, aber niemals seine Tiefe ausloten. Man kann es nur erleben.

Die Legenden, die die Entstehung des Tao Te King umgeben, illustrieren, wie widerwillig Lao Tse seine Lehren in geschriebene Worte kleidete. Eine dieser Legenden spricht von einer Zeit, als er so sehr genug hatte von der Unterdrückungspolitik im China seiner Tage, dass er seinen Ochsen bestieg und das

Land verließ. Aber der Grenzwächter wollte ihn nicht ziehen lassen, bevor er nicht seine Weisheit niedergeschrieben hatte, um sie mit allen zu teilen. Lao Tse sagte: „Wenn ich es niederschreibe, ist es nicht mehr das Tao.“ Dennoch wollte ihn der Wächter nicht gehen lassen, bevor er nicht etwas aufgeschrieben hatte. So stieg Lao Tse von seinem Ochsen ab, setzte sich in den Schatten eines Baumes und schrieb an einem Nachmittag den kurzen Text poetischer Weisheit, den du nun in deinen Händen hältst.

Eine Legende? Zweifellos, aber eine Legende, die ganz und gar dem Wesen dieses Weges entspricht. Es ist ein Weg direkter Erfahrung, nicht abstrakter Philosophie. Es ist ein Weg des klaren Blickes auf die Lebensabläufe, wie sie sind, nicht wie sie unserer Meinung nach sein sollten. Es ist ein Weg, den man jeden Augenblick gehen, aber nicht mit endlosen Worten diskutieren muss.

Dennoch, wir Menschen gebrauchen Gedanken und Wörter, um unsere Erfahrungen zu verstehen. Das ist Teil unserer Natur. Lao Tse benutzt Wörter in kurzen poetischen Versen so, dass sie uns als Führer und Tore zu direkter Erfahrung dienen können und nicht als bloße Abstraktionen und Ablenkungen. Dies frustriert manchmal unsere westliche Konditionierung, die die Erwartung geprägt hat, dass die Dinge ohne Doppeldeutigkeit und ohne Paradox erklärt werden sollten. Ein solcher Ansatz zwingt uns, immer wieder zu unserer eigenen Lebenserfahrung zurückzukehren, statt uns auf die Worte und Lehren anderer zu verlassen.

Das Leben unmittelbar zu erfahren fällt uns nicht leicht. Wenn wir erwachsen geworden sind, wird unsere Erfahrung durch eine Vielzahl von Vorstellungen gefiltert und vermittelt, die uns mit einem ständigen Kommentar über das Leben versorgen, die aber die Sache selbst nicht beachten. Dieser Vorgang ist den meisten von uns so tief eingeprägt, dass wir ihn nicht einmal wahrnehmen. Wir durchwandern einen Tag nach dem anderen, während unser Geist einen endlosen Strom von Gedanken, Urteilen, Hoffnungen, Fantasien, Kritiken und Plänen spinnt, und all das vermischt mit dem Geplapper von Werbesprüchen und Fragmenten von Fernsehshows.

Lao Tse weist daraufhin, dass dieser gewohnheitsmäßige Kommentar über das Leben, obgleich ein natürlicher Teil des Menschseins, nicht dasselbe ist wie ein vollkommen gelebtes Leben. Gleichzeitig tut er den begrifflichen Denkprozess nicht völlig ab. In gewisser Weise verstehen wir unser Leben durch den Gebrauch von Kategorien, Gedanken und Wörtern. Aber, wie er im erstem Kapitel andeutet, sind diese Gedanken und Wörter Tore zum Leben, nicht das Leben selbst.

Wie ist das bei dir? Dient der Kommentar in deinem Kopf als Tor zu dem darunter liegenden Mysterium des Lebens? Oder bist du wie die meisten von uns zutiefst verstrickt in die Endlosschleife von Urteil, Anstrengung, Sorge, Streben, Vergleichen, Wünschen, Hoffen, Träumen und all den anderen Ablenkungen, die dich von der wirklichen, manchmal beängstigenden Intensität einer unmittelbaren Lebenserfahrung abhalten?

Es ist ein Weg dieses Augenblickes

Dieser Augenblick ist alles was wir haben,
daher suchen wir nicht beständig
nach einem schnelleren Weg,
um Dinge zu erledigen,
oder nach einem besseren Ort,
wo wir sein könnten.
(aus dem 80. Kapitel)

Jeder Schritt auf diesem Weg wird in diesem Augenblick gemacht. Die unauffällige Arbeitsweise unseres Gehirns erzeugt die Illusion, dass wir irgendwohin gehen und dass wir irgendjemand werden, während wir tatsächlich eigentlich nur einen fließenden Strom von „gegenwärtigen Augenblicken" erleben. Es gibt keinen Ort, wohin man gehen könnte, außer „hier". Es gibt niemanden, der man sein könnte, außer der, der man jetzt gerade ist. Dieses *Leben im gegenwärtigen Augenblick* ist eine wesentliche Eigenschaft dieses Weges.

Es ist auch die Eigenschaft, die am schwierigsten zu üben ist. Sobald wir uns nämlich diesem Augenblick zuwenden, taucht ein Gedanke auf, der unsere Aufmerksamkeit auf irgendein zukünftiges Ereignis lenkt oder auf irgendetwas, was wir in der Vergangenheit hätten tun sollen. Es ist fast so, als ob dieser Augenblick tatsächlich zu furchterregend wäre, um ihn wirklich zu erleben. Eine innere Stimme suggeriert uns, dass unser körperlicher oder emotionaler Schmerz zu groß ist. Sie gibt uns zu verstehen, dass wir einfach nicht die Fähigkeit haben, diesem Moment direkt ins Auge zu sehen. Dann schlägt sie uns eine Alternative aus den zahllosen zur Verfügung stehenden kulturellen Unterhaltungen und Ablenkungen vor.

Vielleicht nehmen wir auch eine Stimme wahr, die uns sagt: „Wenn du in diesem Augenblick lebst, ist jeder Fortschritt zu Ende. Du wirst dich nicht mehr verbessern und dich einfach nur durchs Leben treiben lassen." Diese Stimme ist voller „nützlicher" Vorschläge für deine Selbstverbesserung. Sie flüstert dir ein: „Irgendwann später wirst du eines Tages alles gut genug hingekriegt haben, so dass dieser Augenblick annehmbar wird. Bis dahin bemühst du dich besser weiter."

Andere Stimmen suggerieren vielleicht, dass dieser Augenblick unpraktisch, unrealistisch, naiv, faul, gefährlich oder unmöglich ist. Sie bieten vielleicht die üblichen gewohnheitsmäßigen Tagträume, Fantasien und das übliche geistige Geplapper an, um uns in Ablenkung und Unbewusstheit zu halten. Jedenfalls können wir erahnen, wie schwierig ein so einfach klingendes Ding wie *Leben im gegenwärtigen Augenblick* tatsächlich sein kann. Lao Tse hat eben diese Schwierigkeit erkannt und durch sein ganzes Buch hindurch behutsam andere Themen eingeflochten, um diese Übung auf dem Weg zu unterstützen und zu ermutigen.

Es ist ein Weg der polaren Gegensätze

Yin und Yang erzeugen
zusammen die Energie der Schöpfung
und bringen alle Dinge hervor.
(aus dem 42. Kapitel)

Lao Tse's Weg führt nicht zur Aussonderung des Unbequemen und Schmerzhaften oder der Dinge und Eigenschaften, die wir als „negativ“ zu betrachten gelernt haben. Er wäre populärer, wenn er verspräche, uns in jene Richtung zu führen. Stattdessen verspricht er uns, die Polaritäten des Lebens in einem völlig anderen Licht sehen zu lernen. Er versichert uns, dass jede Polarität für das Gewebe des Lebens absolut notwendig ist. Die mysteriöse Welt der Quantenphysik bestätigt die fundamentale Wahrheit dieser Behauptung. Das Elektron mit seiner „negativen“ Ladung und das Proton mit seiner „positiven“ Ladung befinden sich im Atom in vollkommenem Gleichgewicht. Ohne dieses grundlegende „Yin und Yang“ der Atomstruktur würde gar nichts existieren.

Da wir das Leben in diesem physikalischen Kosmos erfahren, wird unsere Grundwahrnehmung der Existenz von Polaritäten geprägt: hier und dort, wir und sie, oben und unten, Liebe und Angst, Freude und Leid, Leben und Tod. Wir lernen natürlich, den Pol vorzuziehen, den wir „positiv“ nennen und verbringen daher einen großen Teil unseres Lebens mit dem Versuch, ihn isoliert von seinen „negativen“ Ergänzungen zu erleben. Das stellt uns vor eine unmögliche Aufgabe und vergrößert nur unsere Angst und unsere Frustration. So sehr wir auch versuchen mögen, es zu ändern: Aufsteigen wird immer abgelöst von Fallen, Haben wird immer abgelöst von Verlieren; und das Leben wird immer abgelöst vom Tod.

Dieser Weg erweitert unsere Sicht und führt uns zu einem Aussichtspunkt, von dem aus wir sehen können, dass alles Steigen und Fallen in einem größeren Zusammenhang steht. Das Leben wird vom Tod abgelöst, aber der Tod kehrt sich um und wird wieder vom Leben abgelöst. Wir verschwenden keine Energie darauf, uns etwas vorzumachen, sondern vertrauen stattdessen auf den Prozess von Ausgleich und Wiederkehr. Wir hören auf, die Prozesse des Lebens verändern zu wollen und beginnen, mit ihnen zusammenzuarbeiten. Das Negative wird zum Tor für das

Positive. Wir erfreuen uns am Positiven, ohne daran anzuhaften, weil wir wissen, dass wir in der Lage sind, das ganze Leben zu erfahren und nicht nur die Teile, die wir vorziehen. Unsere Erfahrung ist nicht länger begrenzt durch unsere Abhängigkeit von den Umständen. Freiheit wird zu einer dauerhaften Lebensqualität, die überall zu jeder Zeit verfügbar ist.

Es ist ein Weg des Annehmens

Wenn wir annehmen, was ist,
entdecken wir, dass es vollkommen ist.
(aus dem 22. Kapitel)

Annahme ist mutige Aufmerksamkeit, die sich dem Wesen der Dinge zuwendet, wie es wirklich ist, nicht wie wir es gerne hätten. Durch diese Aufmerksamkeit können unsere natürliche Weisheit und Energie effektiv mit den Umständen zusammenarbeiten. Sie erlaubt uns, eine Doppelfalle zu vermeiden, nämlich den Kopf in den Sand zu stecken, während die Ereignisse über uns hinwegrollen oder uns erschöpfen und die Dinge durch hektische und uneffektive Aktivität schlimmer zu machen. Annahme lässt uns Ereignisse und Umstände vollkommen richtig sehen und schenkt uns die Freiheit, an der Freude und Fülle des Lebens teilzuhaben. Wir werden so geduldig wie ein stiller Teich, jedoch mit dem Potential eines kraftvoll dahinströmenden Flusses.

Unser konditionierter Geist wird beharrlich behaupten, dass das Leben sich niemals verändert, wenn wir es so annehmen wie es ist: Wir werden zu passiven Opfern des Schicksals. Übel und

Leiden überrollen uns weiter, ohne auf Widerstand zu stoßen. Lao Tse betont jedoch mit Nachdruck, dass genau das Gegenteil wahr ist. Ohne zutiefst überzeugtes und mutiges Annehmen des „So-Seins“ des Lebens werden unsere Handlungen durch unser Bedürfnis verzerrt, dem Leben unsere Meinungen, Vorstellungen und Lösungen überzustülpen, ohne die wahre Natur der Dinge zu verstehen. Wir stehen dann schließlich außerhalb von Situationen und versuchen, sie von diesem illusionären Standpunkt aus „in Ordnung“ zu bringen. Dieser Ansatz hat noch nie funktioniert und wird auch nie funktionieren.

Ich habe viele Jahre als Berater in einer Privatpraxis verbracht. Während der Zeit arbeitete ich mit vielen Menschen, die sich in missbräuchlichen Lebensumständen befanden. Keiner meiner wohlmeinenden Versuche, diese Lebensumstände „in Ordnung zu bringen“ hat je funktioniert. Eines Tages saß eine Frau viele Minuten lang schweigend in meinem Beratungszimmer, als ich den Versuch aufgab, die richtigen Worte zu finden. Sie starrte lange auf den Teppich und blickte dann auf: „Er missbraucht mich.“ sagte sie. „Er missbraucht mich“ wiederholte sie, „Und nichts, was ich getan habe, hat das je geändert.“ Sie richtete sich auf und rief: „Er missbraucht mich!“ Von dem Moment an begann sich ihr Leben zu verändern. Indem sie die Realität ihrer Situation annahm, gewann sie die Freiheit zu handeln. Nicht-Akzeptanz erhält die konditionierten Muster aufrecht, Akzeptanz befreit uns.

Es ist ein universeller Weg

Es gibt keine „besonders Bevorzugten“
auf diesem Weg.
Er entfaltet sich vor jedem, der ihn geht.
(aus dem 79. Kapitel)

Dieser Weg ist unser wahres Zuhause,
weil er die Heimat aller Dinge
im Himmel und auf der Erde ist.
(aus dem 25. Kapitel)

Lao Tse's Weg misstraut den institutionalisierten Religionen und spricht nicht über Glaubenssysteme. Er befürwortet nicht die esoterische Form der taoistischen Religion, die im China seiner Zeit vorherrschte – ein Taoismus voller Magie, Klöster, Rituale und Glaubensvorstellungen. Sein Weg steht außerhalb solcher Praktiken und verlangt nichts von denen, die ihm folgen außer achtsam zu sein. Er stellt keine Regeln und keine Doktrin auf, denen man zustimmen muss. Er zeigt lediglich Beobachtungen auf, wie das Tao im Alltag zu wirken scheint, und ermutigt uns, demselben Muster in unserem Leben zu folgen.

Daher steht dieser Weg Menschen jeden religiösen Systems oder gar keines religiösen Systems offen. Er fordert nicht, dass wir Rituale aufgeben oder Rituale befolgen. Rituale und Systeme können eine nützliche Rolle auf diesem Übungsweg spielen, sie können aber auch völlig fehlen. Christen, Buddhisten, Muslime und Atheisten sind alle gleichermaßen willkommen. Es gibt keine „Tao-Anhänger“, die anders sind als irgendwelche anderen Leute. Jedes Ding und jeder Mensch im Kosmos ist ein Ausdruck des Tao. Jeder geht aus dem Tao hervor und jeder ist für immer im Tao enthalten.

Den einzigen Unterschied, den Lao Tse machen würde, ist die Beobachtung, dass diejenigen, die dem Lauf des Tao achtsame Aufmerksamkeit entgegenbringen, die Erfahrung von Zufriedenheit, von Freiheit und Freude machen, eine Erfahrung, die daraus entspringt, dass man sich selbst als Teil des Lebens mit all seinen Geheimnissen und Wundern versteht. Es ist, als ob jemand in uns einen riesigen, sogar unendlichen Kreis zeichnet und dann sagt: „Dazu gehöre ich!"

Es ist der Weg unseres wahren Wesens

Frei von konditioniertem Denken
erfahren wir unser wahres Wesen.
Gefangen in konditioniertem Denken,
erfahren wir nur, wer wir uns einbilden zu sein.
(aus dem 1. Kapitel)

In dieser Übersetzung benutze ich Begriffe wie „konditioniertes Denken" und „konditionierter Geist" um auf jenen Teil unserer Ich-Identität hinzuweisen, der aus unserem natürlichen Bedürfnis nach Sicherheit und Zugehörigkeit in unseren Familien, Gemeinden, Gesellschaften und in der Welt entsteht. Unser Gehirn verarbeitet Information seiner Natur entsprechend unauffällig, indem es eine fast unendliche Ansammlung von Sinneseindrücken in getrennte Kategorien von „dieses" und „jenes" zerlegt. Nach einigen Jahren dieses Verfahrens entwickeln wir ein Empfinden von „Ich" als jemand, der mehr „dieses" ist im Gegensatz zu allen anderen und getrennt von allen anderen, die „jenes“ sind. Natürlich machen wir uns dann Sorgen über den Schutz und das Wohlbefinden dieses abgesonderten „Ich“ und schaffen uns so ein Leben in Angst, Spannung, Widerstand und Leiden.

Dieser Konditionierungsprozess ist nicht falsch. Er ist Teil des Lebens. Das Problem entsteht, sagt Lao Tse, wenn wir diese Konditionierung für unser wahres Wesen halten; wenn wir glauben, dass wir das wirklich sind, und es nicht als eine begrenzte Art und Weise, uns zu sehen, erkennen. Lao Tse's Weg akzeptiert diese Konditionierung als ein notwendiges Entwicklungsstadium, aber ein Stadium, über das man hinausgehen muss, wenn man die volle Freiheit, die das Leben anzubieten hat, erfahren will. So hilft uns das Üben auf diesem Weg, unsere Konditionierung zu durchschauen, um unser wahres Wesen zu erkennen.

Lao Tse benutzt den Buchstaben „p'u“, der wörtlich „unbehauener Klotz“ bedeutet, um jenen Teil unseres Wesens zu bezeichnen, der nicht konditioniert, sondern der unser ursprüngliches Wesen ist.

Ich habe das manchmal als „wahres Wesen“ übersetzt, um deutlich zu machen, dass es sich außerhalb unserer Ego-Strukturen und Bedürfnisse befindet. Es hat nichts mit all unseren konditionierten Ängsten zu tun. In unserem wahren Wesen bekommen Veränderung, Verlust, Schmerz, Trennung und Tod im Laufe des Lebens ihren natürlichen Raum, aber sie sind nicht von einer Decke aus Sorgen und Widerstand überlagert.

Unser wahres Wesen braucht keine Verbesserung. Darum betone ich so oft, dass dieser Weg kein Weg der Selbstverbesserung ist. Der konditionierte Geist zieht großen Gewinn aus Selbstverbesserungsprogrammen, weil sie ihm die Sicherheit bieten, dass da immer ein Ich sein wird, das verbessert werden kann. Paradoxerweise jedoch beginnen der Frieden und die Erfüllung, die Selbstverbesserungsprogramme nur versprechen, sobald wir unser wahres Wesen berühren. Dieser Frieden und diese Erfüllung hängen aber nicht länger von dem zerbrechlichen Fundament der Anstrengung ab. Sie werden nun aus dem Vertrauen auf „die Art und Weise, wie die Dinge wirklich sind", geboren. So werden wir, während wir diesen Weg gehen, schrittweise vertrauter mit der Wahrheit unserer Existenz. Wir wandeln uns nicht in irgendein spirituelles Ideal. Wir erfahren, wer wir jetzt schon sind.

Es ist ein Weg des Loslassens

Dies ist ein Weg des Loslassens,
damit Raum zum Leben entsteht.
(aus dem 9. Kapitel)

Da wir uns irgendwie für getrennt vom Leben halten, folgern wir, dass unsere Sicherheit und unser Wohlbefinden von unserer Fähigkeit abhängen, unsere Lebensumstände zu kontrollieren. Wenn wir aber versuchen, unsere Lebensumstände zu kontrollieren, trennen wir uns so sehr von diesen Umständen, dass wir schließlich uns selbst und anderen Elend und Leiden statt der versprochenen Sicherheit bringen. Lao Tse lehrt uns loszulassen. Wir lassen die Überzeugung los, dass Kontrolle möglich ist. Wir lassen die Vorstellung los, dass unsere Anstrengungen, alles unter Kontrolle zu halten, für unsere Sicherheit sorgen. Wir lassen die zahllosen Überzeugungen unserer Konditionierung los, die Sicherheit und Glück versprochen und doch nur Sorgen und Leiden gebracht haben. Wir lassen schließlich sogar die Vorstellungen darüber los, wer wir als ein getrenntes „Ich" sind.

Dieser Weg akzeptiert, dass es ein wesentliches Element in der menschlichen Entwicklung ist, ein „Ich“ zu entwickeln. Aber er deutet auch an, dass diese Entwicklung vielleicht eher ein *Stadium* der menschlichen Entwicklung ist als ihr Endprodukt. Es ist ein natürlicher und wesentlicher Teil des Raupe-Seins, sich in einen Kokon einzuspinnen. Aber es kommt die Zeit, wenn der Kokon weich wird, aufgebraucht ist und sich öffnet. Wie wäre es, wenn das auch für all unsere Meinungen, unsere Besitztümer und sogar für unser Ich gelten würde. Wie wäre es, wenn der Kokon des Ichs sich öffnen und wir anstelle des gefürchteten Abgrunds einen Schmetterling finden würden?

Es ist ein Weg der Flexibilität

Dies ist das Geheimnis unseres Weges:
Sanftheit und Beweglichkeit
bringen die Ergebnisse,
die Gewalt und Starrheit
nicht vollbringen können.
(aus dem 36. Kapitel)

Lao Tse benutzt oft Wasser als ein Symbol für die Kraft der Beweglichkeit. Alles Wasser auf Erden hat seinen Ursprung im Ozean. Aus dem Ozean erhebt es sich zu den Wolken, treibt über den Himmel und beginnt seine Rückkehr zum Ozean. Manchmal fällt es direkt zurück in den Ozean. Manchmal fällt es auf das Land und bahnt sich seinen Weg zurück in den Ozean durch Ströme, Seen und Flüsse. Was immer das Wasser auf seinem Weg antrifft, umspült es. Dennoch hält nichts das Wasser von der Rückkehr ab. Es fragt nicht danach, ob es den „richtigen" Weg nach Hause nimmt. Es weiß, dass alle Wege Wege der Rückkehr sind. Es ist geduldig, kraftvoll und unaufhaltsam in der Annahme seines Weges. Hindernisse sind niemals ein Problem. Es umfließt sie, fällt von ihnen herab, sickert unter ihnen hindurch, höhlt sie aus oder es verdunstet und regnet auf der anderen Seite jedes beliebigen Hindernisses herab.

Nimm wahr, wie die Stimmen unserer Konditionierung Beweglichkeit als kraftlos, unentschlossen, schwach und wirkungslos beschreiben. Diese angelernten geistigen Gewohnheiten behaupten, dass es das Ziel des Lebens ist, den Menschen und Ereignissen, die als „Hindernisse" etikettiert sind für das, was immer eben diese geistigen Gewohnheiten uns zu tun befohlen haben, um im Leben erfolgreich zu sein, Widerstand zu leisten, sie zu bekämpfen und zu besiegen.

Auf diesem Weg jedoch ist der Erfolg sichergestellt. Wie Wasser sind wir auf einer Heimreise. Und wie Wasser werden wir diese Reise vollenden trotz aller Hindernisse, die sich uns durch Menschen, Ereignisse und vor allem durch unsere eigenen Gedanken und Ängste in den Weg stellen. Wenn wir lernen, dieser Wahrheit zu vertrauen, entwickeln wir ganz natürlich die Geduld und Beweglichkeit von Wasser. Wenn wir einem scheinbaren Hindernis oder einer Frustration begegnen, erinnern wir uns daran, dass der letztendliche Erfolg unserer Reise sichergestellt ist. Daher entspannen wir uns und erlauben uns, vollkommen die Erfahrung unserer augenblicklichen Situation zu machen und sie zu verstehen. Wenn wir diese Erfahrung und das Verständnis zulassen, fließen wir ganz natürlich in den wirksamsten nächsten Schritt. Unsere starren konditionierten Vorstellungen darüber, wer wir sind und was wir in bestimmten Situationen zu tun haben, lösen sich auf und wir entdecken, dass wir die natürliche Flexibilität haben zu vollbringen, was immer nötig ist.

Es ist ein müheloser Weg

Darum praktizieren wir
„mühelose Mühe".
Wir handeln ohne Aufhebens.
Wir lehren ohne Worte.
(aus dem 43. Kapitel)

Lao Tse macht ausgiebig Gebrauch von dem Ausdruck *Wu-Wei*, der wörtlich übersetzt bedeutet: „Nicht-Tuend Tun". Dieser Satz bedeutet reine Handlung in diesem Augenblick, die nicht begleitet ist von Widerstand, überflüssigen Überlegungen oder Sorge. Bei der Ausübung von *Wu-Wei* tun wir einfach nur „das, was wir tun". Je mehr Achtsamkeit und Annahme wir diesem Moment entgegenbringen, desto eher ist *Wu-Wei* möglich. Das kann sowohl die Form von energischem Handeln annehmen als auch von entspanntem Warten.

Wie Annehmen ist *Wu-Wei* nicht passiv, obgleich es manchmal inmitten der zahllosen Botschaften unserer Kultur mit ihrem „Beeil dich, beeil dich, beeil dich, tu etwas!" so scheinen mag, wenn es in seiner Weisheit entspanntes Warten nahe legt. Das Paradox von *Wu-Wei* wird deutlich, wenn wir zu einer Zeit, wo unsere konditionierten Gedanken versuchen, uns abzulenken oder bewegungsunfähig zu machen, einen Energiefluss aufsteigen fühlen, der uns an unserer Aufgabe mit einer Konzentration und einer Mühelosigkeit, die wir nie erwartet hätten, weiterarbeiten lässt.

Wu-Wei ist eng an Achtsamkeit im gegenwärtigen Augenblick gebunden. In dieser Achtsamkeit sehen wir klar und deutlich, welche Handlung angemessen ist. Wenn wir nicht ständig in Phantasien über Vergangenheit und Zukunft hineingezogen werden, wissen wir intuitiv, was zu tun ist. Unser Handeln wird weitreichend und kreativ. Wir sind in der Lage, eine Vielzahl von Faktoren zu verstehen und in Betracht zu ziehen, ohne handlungsunfähig zu werden. Gedanken tauchen auf und ziehen vorüber, ohne uns von der Aufgabe, die vor uns liegt, abzulenken.

Es ist ein meditativer Weg

Stilles Sitzen erlaubt uns,
die feinen Regungen des Geistes
wahrzunehmen.
(aus dem 64. Kapitel)

Lao Tse ruft uns beständig in eine meditative Stille zurück, die einen Raum schafft, in dem wir die Wunder unseres Lebens erfahren können. Diese meditative Stille umfasst sowohl feste Zeiten für Meditationspraxis als auch die innere Stille, die unsere Zuflucht inmitten eines hektischen Tages ist.

Taoistische Meditation ist eine einfache Übung. Sie benötigt keine besondere Ausrüstung, Atmosphäre oder Vorbereitung. Es kann nützlich sein, ein bequemes Sitzkissen zu haben, aber notwendig ist es nicht. Viele Menschen meditieren gern im Stehen. Es kann nützlich sein, in friedlicher Umgebung zu meditieren, aber notwendig ist es nicht. Das Ziel meditativer Übung ist, die Fähigkeit zu entwickeln, in friedlichem und doch aufmerksamen Zustand präsent zu sein, wo immer wir sind. Es kann nützlich sein, verschiedene Techniken zu erlernen, aber notwendig ist auch das nicht. Die großen taoistischen Meister und die großen

Zen-Meister richteten ihre Aufmerksamkeit einfach auf das Ein- und Ausatmen.

Wir meditieren nicht, um veränderte Bewusstseinszustände zu schaffen. Tatsächlich wird der größte Teil des Lebens in veränderten Bewusstseinszuständen verbracht und Meditation ist die Übung, in einen unveränderten Bewusstseinszustand zurückzukehren. Darum sitzen oder stehen wir einfach nur still und beobachten aufmerksam, wie der Atem in den Körper eintritt und ihn wieder verlässt. Wir lassen den Geist all seine Kaninchenfährten verfolgen. Wir kehren lediglich mit unserer Aufmerksamkeit immer wieder sanft zu unserem Atem zurück und hören auf, unserem Geist auf jenen Fährten zu folgen.

Wir meditieren nicht, um den Geist still werden zu lassen, obgleich eine gewisse Stille die Meditation begleiten kann. Wir meditieren, um den Geist zu beobachten und zu verstehen. Nach und nach beginnen wir zu sehen, auf welche Art und Weise der Geist dazu konditioniert worden ist, Widerstand zu leisten, abzulenken, zu phantasieren, sich Sorgen zu machen, zu planen und uns eigentlich ganz allgemein daran zu hindern, unser Leben zu leben. Während wir uns dieses Treiben ansehen, sind wir in der Lage, immer wieder voller Mitgefühl in diesen Augenblick zurückzukehren, indem wir einfach nur auf unseren Atem achten.

Wir meditieren nicht, um Frieden zu erreichen, obgleich tiefer Frieden Teil unseres wahren Wesens ist. An der Oberfläche sind viele Meditationsperioden mit Aufruhr, Schmerz und Frustration gefüllt. Unser Geist hat jahrzehntelang diesen Aufruhr hervorgebracht und dem keine Aufmerksamkeit mehr zu schenken, ist wenigstens am Anfang wirklich kein Vergnügen. Was wir für eine „schlechte" Meditation hielten, hat tatsächlich oft genau das getan, wofür Meditation vorgesehen ist, nämlich uns zu zeigen, wie wir gelernt haben, unserem Leben Widerstand zu leisten.

Der dritte Teil dieses Buches, „Der Übungsweg“, enthält viele Vorschläge für die Meditationspraxis. Die richtige Art und Weise zu meditieren gibt es nicht und es gibt auch keine „falsche“ Meditation. Wir richten einfach nur unsere ganze Aufmerksamkeit auf unser Leben. Wir nutzen Meditation als Hilfe, diese Aufmerksamkeit zu entwickeln. Wir versuchen nicht, gute Meditierende zu werden. Wir versuchen aufzuwachen.

Es ist ein Weg des „nächsten Schrittes“

Es ist der einzelne kleine Schritt,
der die Reise von tausend Meilen beginnt.
(aus dem 64. Kapitel)

Wie groß die Kluft auch erscheinen mag zwischen dem Ort, an dem wir sind, und dem, auf den wir uns, wie wir spüren, zubewegen – das einzige, was wir je tun können, ist genau hier, genau jetzt: ein einfacher Schritt. Wie kompliziert die Folgen dieses Schrittes auch erscheinen mögen, wir werden es nie wirklich wissen, bevor wir nicht den Schritt machen, und dann den nächsten und den nächsten.

Das *Tao Te King* ist eine Einladung von Lao Tse, diesen nächsten Schritt zu machen. Dieses sind die letzten Worte, die ich im offiziellen Einführungsteil meines Buches schreibe. Ich vertraue darauf, dass mein Lektor sinnvolle Änderungen vornehmen wird, die das Buch noch nützlicher machen, aber zu diesem Zeitpunkt bin ich fertig. Ich werde jetzt meinen Computer ausschalten und mich dem nächsten kleinen Schritt zuwenden, einem Geburtstagsabendessen mit meiner lieben Frau. Vielleicht ist dein nächster Schritt, die Seite umzublättern und mit dem zweiten Teil dieses Buches, „Das Tao“ zu beginnen. Vielleicht klappst du das Buch auch zu und gehst selbst zum Abendessen aus. Wir gehen einfach Schritt für Schritt auf unserer tausend Meilen Reise weiter. Genieße die Reise.

II. Das Tao

1 ☯ Vollkommene Hingabe

Über einen Weg reden
ist nicht dasselbe,
wie den Weg gehen.
Über das Leben nachdenken,
ist nicht dasselbe
wie leben.

Sich dem Leben vollkommen hingeben,
macht unbegrenztes Erkennen
und Einssein möglich.
Über das Leben nachdenken,
macht nur begrenzte Urteile möglich
und bewirkt Abtrennung.

Frei von übernommenem Denken
erfahren wir unser wahres Wesen.
Gefangen in übernommenem Denken
Erfahren wir nur, wer wir uns einbilden zu sein.

Dennoch sind sowohl unser eingebildetes Wesen
als auch unser wahres Wesen
Teil vom So-Sein des Lebens.
Unsere halbherzige Erfahrung des Lebens
ist ein Tor zur vollkommenen Hingabe an das Leben.

2 ☯ Gegenpole

Schönheit kann es nicht geben
ohne Hässlichkeit.
Tugend kann es nicht geben
ohne Laster.

Im Leben sind wir uns auch des Todes bewusst.
In der Anstrengung des Tuns kennen wir auch die Muße.
Im Aufstieg wissen wir auch um die Tiefen.
In der Stille begreifen wir auch den Lärm.

Alles bringt seinen Gegenpol hervor,
darum wirken wir ohne bewusste Anstrengung
und lehren ohne Worte.
Wir genießen alles
und nehmen nichts in Besitz.
Unsere Leistungen
werden nicht von unserem Ich vollbracht,
daher hängen wir nicht an ihnen.
So dienen sie allen Wesen zum Wohle.

3 ☯ Rückkehr zur Intensität des Lebens

Werden Verdienste übermäßig gewürdigt,
entsteht Eifersucht.
Wird Besitz zu hoch geschätzt,
kommt es zum Horten und Stehlen.

Daher ist dieser Weg ein Weg
der Zufriedenheit und der Einfachheit.
Er leert den Geist von seinem Geschwätz
und füllt die Seele mit Wahrheit.
Er befreit uns von unseren Wünschen
und übergibt uns wieder der Intensität des Augenblicks.

Da es nicht mehr nach unserem Willen gehen muss,
vergeuden wir keine Zeit mehr mit klugen Plänen und Strategien.
Wir handeln konzentriert, rein und mühelos.

4 ☯ Die Fülle des Lebens

Auf diesem Weg
erfüllt uns unerschöpfliche Energie.
Was wie inhaltlose Leere erscheint,
schenkt uns die Fülle des Lebens.

Gereiztheit und Spannung,
Zorn und Aufruhr
legen sich.
Eine große Gelassenheit
tritt an ihre Stelle,
die schon von Anbeginn aller zeitlosen Zeit
hier in uns weilte.

5 ☯ Keine Vorlieben

Das Leben hat keine Vorlieben.
Jede Erscheinung hat ihren Platz
und lebt ihr Leben unter der Sonne.
Darum heißen wir alles und jeden
ohne Unterschied willkommen.

Das Leben atmet ohne Unterlass
seine Formen in die Existenz,
sich niemals erschöpfend,
sich immer wieder füllend.

Klammern wir uns an unsere Vorlieben,
trennen wir uns vom Leben
und leiden Erschöpfung.
Sitzen wir in Stille und folgen unserem Atem,
wird uns Erneuerung geschenkt.

6 ☯ Die Mutter von allem

Alles was existiert,
wurde von der weiblichen Kraft
innerhalb des Tao geboren.
Diese geheimnisvolle Kraft
kann man „die Mutter von allem“
nennen.

Wir brauchen uns nicht zu erschöpfen
in dem Bestreben, sie zu finden.
Sie ist immer bei uns,
weil sie in uns *ist*.

7 ☯ Der Beobachter

Wie können wir das ewig
währende Wesen des Tao finden,
das sich immer wieder zu entziehen scheint
inmitten der Wechselfälle des Lebens?

Das Tao kommt und geht nicht,
wie alle Formen es tun.
Es ist der Beobachter des Kommens
und Gehens.

Bei unseren Übungen finden wir heraus,
dass wir gleichfalls der Beobachter sind.
Wir beobachten unsere Meinungen und Vorstellungen,
unsere Vorlieben und Abneigungen,
unsere Wünsche und unsere Befürchtungen,
unseren Körper und unseren Geist,
aber wir identifizieren uns nicht mit ihnen.
Wir beobachten,
wie sie auftauchen.
Wir bleiben,
wenn sie wieder verschwinden.

8 ☯ Unser Leben fließt wie Wasser

Unser wahres Wesen ist wie Wasser.
Es entscheidet nicht, wen es nährt
und wen es meidet.
Es entscheidet nicht, dass einige Aufgaben
Ihm zuwider sind.
Es fließt einfach nur wie ein Fluss zum Ozean
und nährt alles, was auf seinem Weg liegt.
So ist das Wesen des Tao in allen Menschen.

Wenn wir in diesem Sinne leben,
wählen wir einen einfachen und bescheidenen
  Wohnsitz.
Wir meditieren, um stille und heitere
Gedanken zu pflegen.
Wir behandeln alle Wesen mit liebevoller
  Freundlichkeit.
Wir sprechen mit Mitgefühl und Klarheit.
Wir führen unser Leben zum Wohle aller Wesen.
Wir leben in der Bewusstheit des gegenwärtigen
  Augenblicks
und handeln nur, wenn die Zeit reif ist.

So fließt unser Leben wie Wasser
und erfüllt sich auf natürliche Weise.

9 ☯ Ein Weg des Loslassens

Dies ist ein Weg des Loslassens,
damit Raum zum Leben entsteht.

Wenn wir an Meinungen festhalten,
wird unser Geist stumpf und nutzlos.
Lass deine Meinungen los!

Wenn wir an Besitz festhalten,
werden wir immer bedroht sein.
Lass deinen Besitz los!

Wenn wir an unserem Ich festhalten,
werden wir weiterhin leiden.
Lass dein Ich los!

Sein Werk tun ohne Gedanken an Lob oder Tadel,
das ist der Weg wahrer Zufriedenheit.

10 ☯ Unserer natürlichen Tugend entsprechend

Können wir sowohl die annehmbaren,
wie auch die unannehmbaren Teile
unserer selbst zulassen?
Können wir ebenso leicht atmen
wie unschuldige Babys?
Können wir die Welt klar
und ohne Urteil sehen?
Können wir mit liebevoller Freundlichkeit handeln
und dennoch unbekannt und unbesungen bleiben?
Können wir beobachten, wie alle Dinge kommen und
gehen,
und dennoch unberührt davon sein?
Können wir unsere unzähligen Gedanken und
Meinungen da sein lassen,
und sie dennoch nicht ernst nehmen?

Wenn wir das können, handeln wir
der Tugend entsprechend, die uns ganz natürlich
eigen ist;
wir nähren alle Dinge, aber nehmen nichts in Besitz;
wir erfreuen uns an allen Dingen, aber hängen an
nichts;
wir erfüllen unser Werk sorgfältig,
aber verlangen für nichts Anerkennung;
wir nehmen an Weisheit zu, aber kontrollieren nichts.

11 ☯ Ungreifbar und unsichtbar im Inneren

Die Speichen und die Nabe
sind die sichtbaren Teile eines Rades.
Das Rad ist nützlich und wertvoll, weil es sich um den leeren
unsichtbaren Bereich in seiner Mitte dreht.

Ein Topf wird aus Ton geformt.
Der Topf ist nützlich und wertvoll aufgrund des leeren Raumes
im Inneren der Form.

Ein Haus wird mit Wänden, Türen und Fenstern gebaut.
Der leere Raum im Haus wird zu einer Heimstatt für Menschen
durch das Leben, das sich in seinem Inneren vollzieht.

Wir üben mit dem Sichtbaren und dem Greifbaren,
aber es ist das Unsichtbare und Ungreifbare in uns,
das unseren Wert ausmacht und uns Leben schenkt.

12 ☯ Geheimnisvoll verborgen im Inneren

Alles sehen wollen
macht uns blind.
Jeder Stimme zu lauschen,
stürzt uns in Verwirrung,
All unsere Gelüste zu befriedigen,
erzeugt Überdruss.
Von den Gedanken und Ideen unseres Geistes
hierhin und dorthin getrieben zu werden,
macht uns verrückt.
Noch mehr Dinge zu erwerben
verschwendet nur unsere Energie.

Äußere Dinge existieren zwar,
aber sie machen nicht unser Wesen aus.
Unser Wesen weilt geheimnisvoll verborgen im
    Inneren,
nicht offen sichtbar im Äußeren.

13 ☯ Alle Dinge nähren wie uns selbst

Lob oder Tadel zu erwarten,
macht uns ängstlich.
Uns getrennt und isoliert zu fühlen,
lässt uns leiden.

Was bedeutet:
„Lob oder Tadel zu erwarten,
macht uns ängstlich“?
Lob wünschen bedeutet, Tadel fürchten.
Tadel fürchten bedeutet, Lob wünschen.
Beide haben ihre Wurzeln in Angst
und sind aneinandergefesselt in Verlangen.
Darum gibt es auf diesem Weg
weder Lob noch Tadel.

Was bedeutet:
„uns getrennt und isoliert zu fühlen,
lässt uns leiden“?
Wir sind alle Ausdrucksformen
des *einen* Lebens, des Tao.
Uns als ein getrenntes Wesen zu sehen,
erzeugt ein falsches Gefühl von Verletzlichkeit.
Wir erfinden unzählige Strategien, um uns vor diesem Gefühl
der Verletzlichkeit zu schützen.
Das ist die Wurzel unseres Leidens.

Da wir wissen, dass wir ein Teil sind von allem was ist,
sorgen wir für alle Dinge und nähren sie wie uns selbst.

14 ☯ Zu unserem Atem zurückkehren

Was wir suchen,
kann man weder sehen, hören, noch berühren.
Es ist die Einheit unseres Wesens
jenseits der Unterteilungen durch unsere Sinne.

Das klingt unverständlich für den Geist,
aber dem Herzen ist es nicht verborgen.

Wenn wir nicht hinsehen,
ist es plötzlich da!
Aber im gleichen Augenblick entzieht es sich wieder
und hinterlässt nur eine verschwommene Erinnerung.

Ihm nachzujagen ist sinnlos,
weil es niemals einen Anfang hatte
und nirgendwo hingeht.
Um unser wahres Wesen zu erkennen,
brauchen wir nur zu unserem Atem zurückkehren,
hier und jetzt.

15 ☯ Die Freiheit der Erleuchtung

Die Freiheit der Erleuchtung
zu beschreiben, ist unmöglich.
Wir können nur wahrnehmen,
wie sie in unserem Handeln erscheint.

Wir schenken dem, was wir gerade tun,
vollkommene Aufmerksamkeit,
als ob wir auf eisüberzogenen Steinen
einen Fluss überquerten.
Wir achten wachsam auf alles, was geschieht,
wie ein Vogel in alle Richtungen späht.
Wir verweilen in stiller Würde und Zurückhaltung,
wie ein Gast, der nicht nach Aufmerksamkeit verlangt.
Unsere Urteile und Meinungen sind dahin
geschmolzen
wie Eis in der Sommerhitze.
Wir strahlen eine wunderbare Einfachheit aus,
wie ein Edelstein vor dem Schleifen und Polieren.
Wir heißen willkommen, was immer auch kommt,
wie ein Tal den Fluss willkommen heißt.

Um diese Erleuchtung zu erkennen,
sitzen wir geduldig und warten,
bis verworrene Gedanken zur Ruhe gekommen sind
und unser Geist klar geworden ist.
Dann lebt sich das Leben selbst durch uns.

Wenn wir diesen Weg gehen, sorgen wir uns nicht
länger
um das was wir haben oder nicht haben,
denn es ist alles unser!

16 ☯ Der Ort der Stille

Wenn das Plappern unseres Geistes sich beruhigt,
finden wir den Ort der Stille,
um den sich das ganze Leben dreht.
Von diesem Ort der Stille aus beobachten wir
in vollkommenem Frieden, wie alles kommt und geht.

Alles was ist, war oder jemals sein wird,
hat eine gemeinsame Quelle, von der es kommt,
in der es lebt
und zu der es zurückkehrt.

Wenn wir verstehen, dass alles kommt und geht,
kehren wir zu unserer Quelle zurück und unsere
Verwirrung findet ein Ende.
Wenn wir es nicht verstehen, bleiben wir in
Verwirrung
Und verursachen großes Leid.

Wenn wir am Ort der Stille leben, sind wir offen für
das ganze Leben.
Wenn wir für das ganze Leben offen sind, urteilen wir
über nichts.
Wenn wir nicht urteilen, betrachten wir alles voller
Mitgefühl.
Wenn wir alles voller Mitgefühl betrachten,
entdecken wir unser wahres Wesen.
Wenn wir unser wahres Wesen entdecken,
sind wir zu Hause
und nichts im Leben kann uns stören.

17 ☯ Es geschah ganz natürlich

Die höchste Tugend ist es,
sich überhaupt keines getrennten Ichs bewusst zu sein.
Wenn man sich aber eines getrennten Ichs bewusst ist,
ist es gut, für dieses Ich Mitgefühl zu empfinden.
Wenn wir kein Mitgefühl für uns selbst haben,
beginnen wir uns vor unserem eigenen Wesen zu fürchten.
Wenn wir uns vor unserem eigenen Wesen fürchten,
kommen wir schließlich dahin, uns selbst zu hassen.
Wie können wir irgendeinen anderen Menschen schätzen,
wenn wir uns selbst hassen?

Wenn wir frei sind von Selbsthass,
lastet nicht das Bedürfnis nach Anerkennung
auf unseren Taten.
Darum sagen die Menschen:
„Es geschah ganz natürlich."

18 ☯ Vortäuschung von Leben

Wenn wir vergessen, wer wir wirklich sind,
wenden wir uns äußeren Regeln zu,
um Gutsein und Moral festzulegen.
Wenn wir nicht mehr aus unserem Herzen heraus leben,
suchen wir nach einer klugen Lebenskunst,
um unsere Handlungen zu leiten.
Das aber täuscht nur Leben vor.

Pflicht und Treue werden zum Ersatz
für unsere Unfähigkeit, uns selbst
und andere zu lieben.
Dann verlangen wir, dass unsere Führer unser Leiden heilen,
das wir selbst durch unseren gespaltenen Geist heraufbeschworen haben.

19 ☯ Unser wahres Wesen wartet

Wenn wir nicht mehr versuchen, heilig und weise zu
sein,
werden wir alle miteinander
großen Nutzen daraus ziehen.
Wenn wir unsere Regeln für Gutsein und
Gerechtigkeit aufgeben,
werden alle Wesen ganz natürlich
mit liebevoller Freundlichkeit behandelt.
Wenn wir nicht mehr mit listigen Mitteln Besitz
anhäufen,
wird kein Diebstahl mehr geschehen.

Aber diese Lehren sind bloß äußere Form.
Der Kern unseres Weges ist dies:
Wir durchschauen die Verstrickungen unseres Geistes
und entdecken, dass dahinter unser wahres Wesen auf
uns wartet.

20 ☯ Was immer uns begegnet

Wir bemühen uns immer, die richtige Wahl zu treffen
und fürchten immer die falsche Wahl.
Wir verfolgen, was andere als gut hinstellen
und vermeiden, was andere als schlecht bezeichnen.
Wie traurig ist das für uns!
Die Menschen sind fortwährend aufgeregt
wie Kinder in einem Zirkus –
immer halten sie Ausschau nach der nächsten Nummer zu ihrer Unterhaltung.
Aber dieser Weg verlangt von uns, unberührt zu bleiben
und alle Dinge mit dem unvoreingenommenen Interesse
eines Neugeborenen zu beobachten.

In einer Kultur, in der übertriebene Besitzanhäufung üblich ist,
scheint dieser Weg lächerlich.
Furchtsame Stimmen in unserem Geist warnen uns,
dass wir schließlich heimatlos und allein
auf der Straße enden werden.
Wir werden gedrängt, klug und erfolgreich zu sein
und nie die Kontrolle zu verlieren.
Aber dieser Weg erfordert, dass wir die Kontrolle aufgeben
und zufrieden sind, mit was immer uns begegnet.
Das erscheint so seltsam
und anders als der gewöhnliche Weg.
Aber es ist der ureigene Weg des Lebens.

21 ☯ Weil wir diese Wahrheit sind

Dieser Weg führt uns zu unserem wahren Wesen.

Obgleich dieser Weg schwer fassbar erscheint
und unsere Worte und Konzepte vermeidet,
ist er die Quelle aller Dinge,
ob sichtbar oder unsichtbar.

Obgleich dieser Weg
uns in tiefe und verborgene Schatten
zu stürzen scheint, führt er uns
mitten in die Lebenskraft aller Dinge.
Seit vor dem Urbeginn der zeitlosen Zeit
ist er sowohl der Schöpfer wie auch der Zeuge
all dessen was ist.

Wir kennen die Wahrheit dieses Weges,
nicht weil wir an sie glauben,
sondern weil wir diese Wahrheit sind.

22 ☯ Der einzige Weg zur Ganzheit

Wenn wir annehmen, was ist,
wird uns bewusst, dass es vollkommen ist.
Was verdreht schien, wird als wahr erkannt.
Was Mangel schien, zeigt sich als Überfluss.
Was abgenutzt schien, wird als frisch und neu
gesehen.

Obgleich wir wenig besitzen, sind wir zufrieden.
Zuviel Krempel, und wir verlieren unseren Weg.

Wenn wir in unserer Mitte weilen,
nährt unser Handeln alle Dinge.
Wir handeln nicht aus Ich-Bedürfnissen,
daher sind unsere Werke erleuchtet.
Wir behaupten nicht, vollkommen zu sein,
daher werden unsere Ansichten gerne gehört.
Wir trachten nicht nach Belohnung,
daher hat unsere Lehre Bestand
und ist allen zugänglich.
Wir versuchen nicht, jemanden zu kontrollieren
oder zu überzeugen,
daher erhebt sich kein Widerspruch.

„Nimm an, was ist,
und entdecke, dass es vollkommen ist“,
ist kein nutzloser Satz.
Das Leben anzunehmen,
ist der einzige Weg zur Ganzheit.

23 ☯ Ein vollkommen freudvoller Weg

Dies ist ein Weg weniger Worte.
Stille ist die natürliche Lebensweise.
Starke Winde erheben sich
und legen sich wieder.
Sintflutartige Regenfälle gehen nieder
und ziehen vorüber.
Selbst der Kosmos,
der Wind und Regen hervorbringt,
vergeht wieder.
Warum also dem, was man tun oder sagen sollte
so viel Bedeutung beimessen?

Unser Leben ist ein ureigener Ausdruck des Lebens.
Unser wahres Wesen drückt sich
in allem aus was wir tun.
Erfolg und Misserfolg werden
als Teil eines vollkommen freudvollen Ganzen
gesehen.
Beides wird angenommen und voll gelebt.

24 ☯ Bis wir es niederlegen

Recken wir uns, um es zu erreichen,
fallen wir.
Laufen wir, um es einzufangen,
verlaufen wir uns.
Täuschen wir vor, erleuchtet zu sein,
wird unser Licht trübe und unser Geist töricht.
Versuchen wir, „es richtig zu machen",
versagen wir.
Erwarten wir Lob,
bekommen wir nichts.
Wollen wir es ergreifen,
verlieren wir es.

All dieses Stolzieren, Streben,
sich Anstrengen und habgierige Greifen
ist ein Übermaß an Gepäck.
Gerade die Freiheit, die all das verspricht, zeigt sich nicht,
bis wir es niederlegen.

25 ☯ Unser wahres Zuhause

Diesen Weg, dem wir folgen, gab es schon
bevor das Universum geboren wurde.

Er birgt in sich
unwandelbare Stille und Abgeschiedenheit.
Er ist gegenwärtig, wohin wir uns auch wenden
und gewährt allen Wesen
unerschöpfliches Mitgefühl.
Deshalb können wir ihn
als die Mutter des Universums betrachten.
Er hat keinen Namen, aber wenn wir auf ihn Bezug
nehmen müssen,
nennen wir ihn das Tao.

Er kann auch das große Geheimnis genannt werden,
aus dem wir kommen, in dem wir leben,
und zu dem wir zurückkehren.

Es ist ein Weg, erfüllt von der Größe
des Kosmos, der Erde
und des menschlichen Herzens.

Dieser Weg ist unser wahres Zuhause,
weil er das Zuhause aller Dinge
im Himmel und auf der Erde ist.

26 ☯ Warum aufgeregt umherlaufen?

Weil dieser Weg tief in uns verwurzelt ist,
erlaubt er uns, heiter zu sein
und uns nicht so ernst zu nehmen.
Weil dieser Weg beständig ist,
lässt er uns ohne Unbesonnenheit handeln.

So verlassen wir nicht uns selbst,
was immer wir tun.
Beschert uns die Welt auch
endlos Sorgen und Ablenkungen,
wir bleiben unbekümmert und zufrieden.

Wir haben alles, was wir uns wünschen könnten.
Warum also sollten wir aufgeregt umherlaufen
auf der Suche nach etwas anderem?
Nur wenn wir die Verbindung zu unserem wahren
  Wesen verlieren,
geraten wir in die Falle von Aufregung und Eile.

27 ☯ Das große Geheimnis

Dieser Weg kennt keine Regeln, keine Rituale
und keine vorgefassten Meinungen.
Wenn wir auf ihm reisen, suchen wir weder Lob noch Tadel,
dennoch handeln wir tadellos und lassen uns nichts zuschulden kommen.

Unser Leben wird vom Licht erhellt.
Alles was geschieht,
dient unserem Wohl.
Jeder den wir treffen,
ob gut oder schlecht,
wird unser Lehrer.
Jeder den wir treffen,
ob klug oder dumm,
wird unser Schüler.
Wenn wir wählen und aussuchen,
lernen wir nie.

Nicht mehr wählen und aussuchen:
das ist das große Geheimnis des Lebens.

28 ☯ Zum Wohle aller

Das Streben, sich in der Welt durchzusetzen,
scheint klug.
Das Vertrauen in unser Herz aber
zeigt vielleicht, wie der Weg sich
mit der mühelosen Leichtigkeit
einer knospenden Blüte öffnet.

Das Streben nach einem tugendhaften Leben
wird von allen gutgeheißen.
Das Vertrauen in unser Herz aber
zeigt uns vielleicht
überall wohin wir uns wenden,
in jedem, dem wir begegnen,
die Kraft unseres wahren Wesens.

Charismatische Persönlichkeiten
erregen unsere Aufmerksamkeit.
Aber nur unser wahres Wesen,
das sich hinter der Persönlichkeit verbirgt,
gibt unserem Leben Kraft und Sinn.

Abgeschnitten von unserem wahren Wesen,
schaffen wir Formen und Rollen,
und strengen uns an, damit sie funktionieren.
Wenn wir zu unserem ursprünglichen Wesen
zurückkehren,
benutzen wir die Formen und Rollen
zum Wohle aller.

29 ☯ Kontrolle ist eine Illusion

Der Versuch, äußere Ereignisse zu kontrollieren,
wird uns niemals bleibende Sicherheit bescheren.
Kontrolle ist eine Illusion.

Was immer wir kontrollieren wollen,
spalten wir von uns ab.
Was immer wir heil machen wollen,
verderben wir.
Das Leben ist heilig
und fließt genauso, wie es fließen sollte.

Wir kehren zu unserem Atem zurück.
Er weiß genau, was zu tun ist,
und hebt und senkt sich ohne bewusste Kontrolle.
Auf dieselbe Weise
erfahren wir manchmal Übermaß
und leiden wir manchmal Mangel.
Manchmal behaupten wir uns
und manchmal halten wir uns zurück.
Manchmal haben wir Erfolg
und manchmal scheitern wir vollkommen.

Unsere Aufgabe besteht darin, all dies zu sehen,
ohne es ernst zu nehmen.
So verlassen wir nicht uns selbst.
Wir bleiben in Frieden.

30 ☯ Konzentriert und effektiv

Wenn wir diesen Weg gehen,
strengen wir uns nicht an.
Sich anstrengen, bedeutet Widerstand einladen.
Widerstand einladen, bedeutet Leiden schaffen
in unserem Leben
und in der Welt.

Indem wir unsere Aufmerksamkeit auf diesen
Augenblick richten,
sehen wir die Dinge, die wir tun müssen.
Wir tun sie ohne Klage, ohne Widerstand
oder überflüssige Gedanken,
dann halten wir inne.
Wir komplizieren unsere Handlungen nicht,
indem wir nach Kontrolle oder Anerkennung streben.

Wahres Handeln, wie schwierig es auch sein mag,
ist auf natürliche Weise konzentriert und effektiv.
Uns dabei anzustrengen, macht es kompliziert
und führt nicht zu bleibendem Wohl.

31 ☯ Weinen über das Geschehene

Waffen zur Gewaltanwendung
schaden dem Gemeinwohl,
wie geschickt sie auch verwendet werden.
Darum geloben wir, keinen Schaden mit ihnen anzurichten.

Mit unvermeidbarer Gewalt konfrontiert,
erinnern wir uns an dieses Gelöbnis,
handeln schnell
und kehren sofort zum Frieden zurück.

Auf dem Schlachtfeld stehen wir nicht „Feinden" gegenüber,
sondern Menschen wie uns selbst.
Da wir dies wissen, jubeln wir nicht über einen Sieg
und erfreuen uns nicht an dem Untergang anderer Menschen.
Sieg ist eine Illusion und bringt uns keinen Gewinn.

Sobald eine Schlacht vorüber ist, legen wir die Waffen nieder
und weinen über das Geschehene.

32 ☯ Wir kehren zum Frieden zurück.

Was wir das Tao nennen,
hat in Wirklichkeit keinen Namen.
Wir denken, wenn wir etwas benennen, verstehen wir es.
Was wir das Tao nennen, ist seinem Wesen nach unbenennbar.
Wir erfahren es in uns selbst, in unserem wahren Wesen.
Wenn wir uns an unser wahres Wesen halten,
löst sich alle äußere und innere Zwietracht auf.
Friede senkt sich auf unser Leben
wie ein sanfter Regen, der vom Himmel fällt.
Freude fließt aus der Erde
wie ein mächtiger Fluss.
Wir brauchen uns nicht zu zwingen,
Gutes zu tun.
Gutsein ist die ureigene Natur unseres Herzens.

Je mehr Worte wir benutzen,
desto mehr Unterschiede machen wir.
Je mehr Unterschiede wir machen,
desto mehr leiden wir.
Wenn wir aufhören, Unterschiede ernst zu nehmen,
hören wir auch auf zu leiden.
Wir kehren zum Frieden zurück,
genau wie Ströme und Flüsse
zum Ozean zurückkehren.

33 ☯ Gut gerüstet für unser Leben

Andere Menschen zu erforschen,
bringt uns Wissen.
Unseren eigenen Geist zu erforschen,
bringt uns Freiheit.
Andere Menschen zu überwinden,
erfordert Stärke.
Unsere geistige Konditionierung zu überwinden,
erfordert wahre Kraft.
Wenn wir erst einmal begreifen,
dass wir immer alles haben, was wir brauchen,
erkennen wir, dass wir wahrhaft
gut gerüstet sind für unser Leben.

Wenn wir fest in unserem wahren Wesen ruhen,
entdecken wir, dass wir ebenso
gerüstet sind für unseren Tod.

34 ☯ Im Bewusstsein unserer Größe

Das große Tao ist wie ein Ozean.
Es erfüllt das Universum
und alle Dinge hängen von ihm ab.
Es bringt uns hervor
und verlässt uns niemals.

Es wirkt all dieses Wunderbare
und braucht keine Anerkennung.
Es nährt und erhält uns
und erhebt dennoch keinen Anspruch darauf,
uns zu besitzen.
Es hat kein Bedürfnis nach Ruhm,
deshalb verschmilzt es mit dem Hintergrund
und wird kaum je wahrgenommen.
Es ist das wahre Zuhause, zu dem wir zurückkehren,
dennoch wünscht es keine Verehrung.
Kein Wunder, dass wir es für groß halten.

Unsere eigene Größe kommt nicht
von Macht oder Kontrolle.
Wir leben einfach nur jeden Moment unser Leben
im Bewusstsein unserer Größe.

35 ☯ Wir wenden uns diesem Weg zu

Unsere Übungen lassen uns
die vorbeiziehenden Gedanken durchschauen,
die so real erscheinen.
An ihnen festzuhalten, bringt Schmerz.
Sie kommen und gehen zu lassen,
bringt Frieden.

Muntere Musik und gutes Essen
fesseln unsere Aufmerksamkeit,
aber über diesen Weg zu sprechen,
weckt keine Begeisterung.
Die Menschen wollen lieber selber machen,
sehen sich lieber nach Ablenkungen um
und hören lieber auf leere Versprechungen.

Wir wenden uns erst dann diesem Weg zu,
wenn wir alle anderen Wege
erschöpft haben.

36 ☯ Dies ist das Geheimnis unseres Weges

Wenn wir etwas loswerden wollen,
bleibt es von Natur aus bei uns.
Wenn wir eine Gewohnheit abschwächen wollen,
bleibt sie von Natur aus stark.
Wenn wir unsere Gedanken wegschieben wollen,
kehren sie von Natur aus wieder zurück.
Wenn wir unseren Schmerz loswerden wollen,
leiden wir umso mehr.

Dies ist das Geheimnis unseres Weges:
Sanftheit und Beweglichkeit
vollbringen die Ergebnisse,
die Verbissenheit und Starrheit
vergeblich zu erreichen suchen.

Unser wahres Wohl liegt
nicht in unseren Worten oder Argumenten,
sondern in der Tiefe unseres Weges und unserer
Übung.

37 ☯ Als täten wir nichts

Unser Weg besteht aus
müheloser Mühe.
Es scheint so, als täten wir nichts,
dennoch wird alles getan.

Wenn wir auf diesem Weg bleiben
und der Versuchung zu kontrollieren widerstehen,
werden alle Dinge sich natürlich entwickeln,
ihrem individuellen Wesen entsprechend.

Wenn unser Geist auftaucht
und versucht, uns aufzuwühlen,
kehren wir zu der einfachen Stille
unseres natürlichen Zustandes zurück.
Wenn wir an diesem stillen Ort verweilen,
fallen unsere konditionierten Gewohnheiten
auf natürliche Weise ab
und hinterlassen nur Frieden.

38 ☯ Natürliches Gutsein

Wenn wir nicht versuchen, gut zu sein,
erfahren wir natürliches Gutsein.
Gut sein und dabei auf Belohnung hoffen,
hat nichts mit natürlichem Gutsein zu tun.
Natürliches Gutsein wirkt mühelos
und dient dem Wohle aller.
Erzwungenes Gutsein erfordert große Anstrengung
und vollbringt sehr wenig.
Mitgefühl handelt und will nichts dafür haben.
Gerechtigkeit handelt und will bestimmte Ergebnisse
erzielen.
Moral handelt, fordert dann
und erzwingt schließlich korrektes Verhalten.
Wenn wir getrennt sind von unserem wahren Wesen,
wenden wir uns Regeln fürs Gutsein zu.
Wenn es uns nicht gelingt, gut zu sein,
machen wir noch genauere Regeln,
um unsere Beziehungen zu beherrschen.
Wenn unsere Beziehungen leiden,
bestehen wir auf Gerechtigkeit und Fairness.
Wenn wir Gerechtigkeit und Fairness nicht finden,
täuschen wir alle einvernehmlich vor,
dass leere Rituale genügen.
Auf unserem Weg üben wir,
diese künstlichen Anstrengungen zu durchschauen
und vertrauen auf unser wahres Wesen.
Dieses Vertrauen beendet unser Leiden.

39 ☯ Angewiesen auf das Tao

Auf diesem Weg finden wir Klarheit.
Unsere Horizonte erweitern sich.
Unser tägliches Leben wird friedlich.
Unsere Seelen empfangen Inspiration.
Unsere Beziehungen sind voller
Vertrauen und Ehrlichkeit.
Unsere Gesellschaft blüht.
Alles um uns herum ist voll
schöpferischem Leben.

Ohne diesen Weg leiden wir weiter.
Unsere Horizonte ziehen sich zusammen.
Unser tägliches Leben füllt sich mit Angst.
Unsere Seelen verdorren.
Unsere Beziehungen lösen sich auf.
Unsere Gesellschaft schleppt sich dahin.
Alles um uns herum scheint erschöpft.

Obgleich wir scheinbar Ansehen und Macht genießen,
wissen wir, dass wir in Wirklichkeit kleine Kinder sind,
auf das Tao angewiesen und ohne das Tao hilflos.

Ein Wagen rollt dahin und tut seine Arbeit
ohne jedes Aufheben.
Statt herumzupoltern,
um bemerkt zu werden,
rollen wir einfach dahin,
wie gewöhnliche Steine im Fluss.

40 ☯ Ein liebevoller und sanfter Weg

Indem wir diesem Weg folgen,
kehren wir zu unseren Wurzeln zurück.
Es ist ein liebevoller und sanfter Weg.

Alles im Kosmos
ist auf alles andere angewiesen.
Selbst unsere Erfahrung des Lebens
ist auf unseren Tod angewiesen.

41 ☯ Verborgen in der Stille

Am besten ist es,
sich diesem Weg hinzugeben
und ihn mit großem Eifer zu gehen.
Aber die meisten Menschen gehen ihn nur halbherzig
und einige Menschen beachten ihn gar nicht,
weil er ihnen absurd erscheint.
Das Tao spiegelt uns unsere eigene innere Haltung.
Das ist seine Größe.

So können wir grundsätzlich sagen:
Der Weg zur Klarheit scheint verwirrend.
Der Weg zum Fortschritt
scheint wie Rückwärtsgehen.
Der ebenste Weg scheint voller Hindernisse.
Die größte Stärke ruht in der Empfänglichkeit.
Wahre Unschuld scheint schändlich.

Die größten Mittel scheinen unzureichend.
Wahres Gutsein scheint verdächtig.
Das wahrhaft Feste und Verlässliche
scheint unsicher.
Wirkungsvolle Grenzen sind grenzenlos.
Der weiseste Mensch hört nie auf zu lernen.
Die klangvollste Musik ist in der Stille verborgen.
Die schönste Kunst beginnt ohne Form.
Und so ist dieser Weg selbst, still und ohne Form,
der Weg zu aller Schönheit und Freude.

42 ☯ Yin und Yang

Verborgen im Mysterium des Tao
ruht die ursprüngliche Einheit.
Die Einheit enthält die Zweiheit
von Yin und Yang.
Yin und Yang erzeugen
zusammen die Energie der Schöpfung
und bringen alle Dinge hervor.

Jedes Atom im Kosmos
enthält sowohl Yin als auch Yang.
Wir spüren den harmonischen Zusammenklang
im sich Heben und Senken
unseres Atems.

Es scheint natürlich, Verlust zu vermeiden und
Gewinn zu erstreben,
aber auf diesem Weg sind solche Unterscheidungen
nutzlos.
Es gibt keinen Gewinn ohne Verlust.
Es gibt keine Fülle ohne Mangel.
Wer weiß, wie oder wann
das eine dem anderen Platz macht.
So bleiben wir in der Mitte
und vertrauen den Ereignissen, statt ihnen Gewalt
anzutun.
Dies ist das Herz aller spirituellen Wege.

43 ☯ Handeln ohne Aufhebens

Die flüssigste und nachgiebigste Substanz
fließt mit der Geschwindigkeit eines Rennpferdes
an der festesten Substanz vorbei.
Was keine besondere Form hat,
kann selbst in das eindringen, was undurchdringlich
scheint.
Darum praktizieren wir
„mühelose Mühe".
Wir handeln ohne Aufhebens.
Wir lehren ohne Worte.

Dies ist der Weg zum wahren Glück,
weil aber die Menschen Ablenkungen und Lärm
vorziehen,
ist es kein populärer Weg.

44 ☯ Aufhören uns zu erschöpfen

Ist Ruhm das Opfer
unseres wahren Wesens wert?
Wiegt Wohlstand
den Verlust unserer selbst auf?
Was bewirkt mehr Leiden –
Dinge anzuhäufen
oder sie alle gehen zu lassen?

Außerhalb unserer selbst
nach Zustimmung und Sicherheit suchen,
beschert uns nur Leiden.
Sobald wir begreifen, dass wir wohl gerüstet sind
für unser Leben,
hören wir auf, uns zu erschöpfen
und beginnen, das Leben zu genießen.

45 ☯ Genau das was nötig ist

Wahre Vollkommenheit erschöpft sich nicht
in dem Versuch, vollkommen zu erscheinen.
Wahre Fülle verschwendet sich nicht
in protziger Zurschaustellung.

Der direkteste Weg
scheint gewunden.
Die größte Fähigkeit
scheint ganz gewöhnlich.
Die hilfreichsten Worte
scheinen zögernd.

Wenn wir klar sehen,
handeln wir mit Gelassenheit,
und genau das was nötig ist, wird getan.

46 ☯ Mit jedem Atemzug zufrieden sein

Wenn wir diesen Weg gehen,
ist unsere Energie auf nützliche, sinnvolle Aufgaben gerichtet.
Wenn wir diesen Weg verlassen,
verseucht Angst unsere Energie
und wir sorgen uns um unseren Schutz.

Unser größtes Leiden ist,
dass wir nicht wissen, wer wir sind
oder wohin wir gehören.
Unser größtes Unglück ist,
dass wir immer noch mehr
oder irgendetwas anderes haben wollen.

Mit jedem Atemzug zufrieden sein
heißt, für immer und ewig zufrieden sein.
Das ist unsere Übung auf dem Weg.

47 ☯ Dennoch bewältigen wir alles

Es ist nicht nötig zu reisen,
um die Welt zu verstehen.
Es ist nicht nötig, aus dem Fenster zu blicken,
um uns selbst zu erkennen.

Je mehr wir außerhalb unserer selbst nach Wissen
suchen,
desto weniger wissen wir etwas.

Wir wandern nicht umher,
dennoch erlangen wir Wissen.
Wir blicken nicht umher,
dennoch erlangen wir Verstehen.
Wir strengen uns nicht an,
dennoch bewältigen wir alles.

48 ☯ … bis wir gar nichts mehr annehmen

Wenn wir nach äußerem Wissen streben,
häufen wir jeden Tag neue Fakten an.
Wenn wir zum Tao streben,
lassen wir jeden Tag Annahmen fallen.
Von Tag zu Tag nehmen wir weniger an,
bis wir gar nichts mehr annehmen.
Es bleibt nichts zu tun
und es bleibt nichts ungetan.

Wenn wir zulassen, dass die Dinge kommen und gehen
wie es ihrem Wesen entspricht,
gewinnen wir alles.
Wenn wir versuchen, alles zu kontrollieren,
gewinnen wir nichts.

49 ☯ Offen für die Herzen aller

Wir haben keine festen Meinungen.
Daher sind unsere Herzen offen
für die Herzen aller.

Wir begegnen den Freundlichen mit Freundlichkeit
und den Unfreundlichen ebenso.
So wird Freundlichkeit zu unserem Wesen.

Wir schenken den Vertrauenswürdigen Vertrauen
und den nicht Vertrauenswürdigen ebenso.
So wird Vertrauen zu unserem Wesen.

Wir streiten nicht mit anderen Menschen,
um Vorteil zu erlangen.
Die Menschen um uns herum verlieren ihre
Abgrenzung
und wir werden zu liebevollen Freunden
für die ganze Welt.

50 ☯ Selbst der Tod kann uns nicht schrecken

Leben und Tod kann man nicht trennen.
Das eine ist Form, das andere ist formlos.
Das eine weicht dem anderen.
Ein Drittel der Menschen konzentriert sich auf das Leben
und übersieht den Tod.
Ein Drittel ist besessen vom Tod
und übersieht das Leben.
Ein Drittel denkt weder an das Eine noch an das Andere
und geht einfach durch beides hindurch.
Jeder hält an vorgefassten Meinungen fest.
Jeder leidet.

Indem wir diesen Weg gehen,
erwerben wir die Fähigkeit
zu leben ohne zu leiden.
Wir fürchten keinen Angriff,
daher hat ein Angreifer
schon seinen Vorteil verloren.
Leben und Tod sind eins geworden.
Daher kann selbst der Tod uns nicht schrecken.

51 ☯ Im Herzen aller Wesen

Das Tao drückt sich
in jedem einzelnen Wesen aus.
Allein seine Gegenwart nährt uns.
Wir werden von ihm geformt und vervollkommnet,
indem wir unser Leben leben.
Daher ehrt jedes einzelne Wesen das Tao
und erfreut sich an seiner Gegenwart,
nicht, weil die Pflicht es ihnen gebietet,
sondern weil es ihr Wesen ist.

Wir sind Ausdruck des Tao.
Seine Gegenwart erhält uns,
entwickelt uns,
lehrt uns,
schützt uns,
reift uns
und führt uns zu unserem Ursprung zurück.

Das Tao schenkt uns das Leben,
aber erhebt keinen Besitzanspruch auf uns.
Es handelt immer zu unserem Wohl,
aber erwartet nichts dafür zurück.
Es ist unser wahrer Führer,
aber übt keine Kontrolle über uns aus.
Seine Gegenwart lebt tief
im Herzen aller Wesen.

52 ☯ Unser Leiden geht zu Ende

Der Ursprung all dessen was ist,
kann seinem Wesen nach die „Mutter von allem“
genannt werden.
Finden wir unsere Mutter, finden wir unser wahres
Selbst.
Finden wir unser wahres Selbst,
ist unser Leiden zu Ende.

Wenn wir unsere Gedanken zur Ruhe kommen lassen
und nur noch wenige Bedürfnisse haben,
leben wir in Frieden.
Wenn wir unseren Gedanken folgen
und Ablenkungen nachjagen,
leben wir im Chaos.

Kleine und gewöhnliche Dinge wahrzunehmen,
ist Erleuchtung.
Alle Wesen mit Freundlichkeit zu behandeln,
ist Kraft.

Erleuchtung ist unser natürlicher Zustand.
Wenn wir in Stille sitzen, sehen wir unser verborgenes
Leiden,
nehmen es an, legen es nieder
und kehren zum Frieden zurück.

53 ☯ Ein klein wenig Bereitschaft

Man braucht nur ein klein wenig Bereitschaft,
um diesen Weg zu gehen,
aber viele Dinge lenken uns ab.
Dieser Weg ist breit und eben,
aber wir haben gelernt, unseren Gedanken
auf zahllosen Nebenwegen zu folgen.

Wer sich Ablenkungen leisten kann,
sammelt sie in Wagenladungen,
während die meisten nicht einmal
ihre Grundbedürfnisse befriedigen können.
Das Anhäufen von Luxusgütern
ist unvereinbar mit diesem Weg.
Das zu nehmen, was nicht freiwillig gegeben wird,
ist ein vergeblicher Versuch, Glück zu finden.

54 ☯ Nach innen schauen

Wenn wir diesen Weg beständig gehen,
können Ereignisse uns nicht erschüttern.
Wenn wir ihn in unser Herz aufnehmen,
dient das noch dem Wohle unserer Kinder und
Kindeskinder.

Dieser Weg führt uns zu unserem wahren Selbst
zurück.
Er beschert unseren Familien Freude im Überfluss.
Er beschert unseren Gemeinschaften ein dauerhaftes
Vermächtnis.
Er beschert unseren Ländern wahren Wohlstand.

Alles was ist, ist Ausdruck dieses Weges.
Darum üben wir Achtsamkeit
in jedem Augenblick.
Wir sehen uns selbst in jedem Menschen, dem wir
begegnen.
Die ganze Welt wird unsere Familie,
unsere Gemeinschaft,
unser Land.

Wie machen wir diese Entdeckung?
Indem wir still sitzen und nach innen schauen.

54 ☯ Natürliche Harmonie

Wenn wir uns diesen Weg zueigen machen,
sind wir wie neugeborene Kinder.
Wir sind in natürlicher Harmonie mit aller Kreatur,
und fügen keiner ein Leid zu.
Unser Körper ist weich und geschmeidig, aber
dennoch kraftvoll.
Unsere lebendige Leidenschaft
ist nicht auf den Geschlechtsverkehr beschränkt,
sondern erfüllt unser ganzes Leben mit Kraft.
Dank natürlicher Harmonie und entspannter
Konzentration können wir
den ganzen Tag an einer einzigen Aufgabe arbeiten,
ohne zu ermüden.

Diese Harmonie kann man nur
im gegenwärtigen Augenblick erfahren.
Nur im gegenwärtigen Augenblick
sehen wir den Weg vor uns liegen.
Alles im Leben wird zum Segen.
Die Ereignisse zu zwingen,
anders zu sein als sie sind,
bringt uns nur Leiden.

56 ☯ Der Schatz unseres Seins

Je besser wir diesen Weg verstehen,
desto weniger müssen wir andere überzeugen.
Je mehr wir andere überzeugen müssen,
desto weniger verstehen wir in Wirklichkeit.

So werden wir still.
Wir hören auf, nach Zustimmung zu verlangen.
Wir nehmen keinen Anstoß mehr
an den Meinungen anderer.
Wir komplizieren unser Denken
und unser Leben nicht mehr.
Wir suchen nicht das Scheinwerferlicht,
sondern werden stattdessen ein einfacher Teil von
allem was ist.

Wir können geliebt oder gemieden werden,
einen Gewinn machen oder einen Verlust erleiden,
geehrt werden oder in Ungnade fallen
und doch niemals den Schatz unseres Seins verlieren.

57 ☯ Das Leben sich selbst leben lassen

Um ein Land zu regieren,
benutzen wir organisatorische Fähigkeiten.
Um einen Krieg zu führen,
benutzen wir Überraschungstaktiken.
Aber um Lebensfreude zu gewinnen,
lassen wir das Leben sich selber leben.

Was bedeutet „das Leben sich selber leben lassen"?
Je mehr wir uns anstrengen,
desto mehr versagt unsere Mühe.
Je mehr wir uns wappnen,
desto mehr Chaos erleben wir.
Je mehr Pläne wir schmieden,
desto weniger vorhersagbar sind die Ergebnisse.
Je mehr Regeln wir aufstellen,
desto mehr Regeln brechen wir.

Auf diesem spirituellen Weg
geben wir daher auf, uns ändern zu wollen
und entdecken, das wir uns ganz von selbst verändern.
Wir hören auf, gut sein zu wollen
und entdecken, dass Gutsein unser Wesen ist.
Wir hören auf, reich werden zu wollen
und entdecken, dass unser Leben voller Überfluss ist.
Wir hören auf, unseren Eigenwillen durchzusetzen
und entdecken, dass wir unser Leben genießen.

58 ☯ Dieser Weg ist unaufdringlich

Dieser Weg ist unaufdringlich,
weil er die einfache Reinheit
derer, die ihm folgen, ans Licht bringt.
Wäre es ein Weg der Einmischung und der Kontrolle,
wären jene, die ihm zu folgen versuchen, unglücklich
und würden sich bald abwenden.

Was wir Glück und Unglück nennen,
vermischt sich in allen Ereignissen.
Versuchen wir, das eine ohne das andere zu erlangen
geraten wir völlig in Verwirrung
und unser aller Leiden nimmt zu.

Wer diesem Weg folgt,
hat feste Prinzipien,
aber zwängt sie niemals jemandem auf
oder verletzt andere in ihrem Namen;
er ist ehrlich, aber niemals grausam;
er ist konsequent,
aber niemals auf Kosten anderer;
er ist den Menschen ein Leitbild,
aber er überschattet sie nie.

59 ☯ Sanfte Ungezwungenheit

Mäßigung ist der beste Weg,
sich um unsere Angelegenheiten zu kümmern.
Sie befreit uns von starren Plänen,
die unsere Kraft verschwenden.
Wir bestrafen uns nie
für Dinge, die wir tun oder nicht tun,
so bleibt unsere Kraft verfügbar.
Mit ihr können wir
auf die wechselnden Winde des Lebens antworten
und alles zum Guten wenden.

Wir sind in der Lage,
uns um unsere Angelegenheiten zu kümmern,
wie kompliziert sie auch sein mögen,
mit der sanften Ungezwungenheit
einer Mutter, die für ihr Kind sorgt.

Tief verwurzelt in unserer Mitte
geraten wir nie in Verwirrung
und verirren uns nie.

60 ☯ In Weisheit verwandelt

Wir behandeln unsere wichtigsten Angelegenheiten
auf dieselbe Weise wie wir einen kleinen Fisch braten.
Wir erzwingen das Ergebnis nicht.
Wir beschleunigen den Vorgang nicht.

Unsere aus der Vergangenheit übernommenen
 Gedanken
voller Sorge und Zweifel
haben ihre Macht verloren.
Wir nehmen noch wahr, dass sie auftauchen,
aber sie steuern unser Leben nicht mehr.

Weil wir diesen Weg gehen,
wurde das, was uns sonst leiden ließ,
in Weisheit verwandelt.

61 ☯ Jeder ist willkommen

Ein auf diesen inneren Weg gegründetes Land,
ist wie ein fruchtbares Tal.
Alle Welt strömt dorthin
und findet einen Platz der Ruhe und des
Willkommenseins.
Seine Stille und Friedlichkeit
überwinden die Unrast ringsherum
und alle finden dauerhaften Frieden.

Dieses ist unser Lebensweg.
Wir gedeihen, nicht weil wir bedeutend tun,
sondern weil wir allen einen Platz einräumen
und sie willkommen heißen.
Wenn wir uns vor einem Fremden zum Gruße
verneigen,
wird der Fremde unser Freund.
Wenn der Fremde unseren Gruß ebenso erwidert,
werden wir seine Freunde.
Jeder ist willkommen.
Jeder ist zu Hause.

62 ☯ Die Quelle allen Seins

Dieser Weg ist die Quelle allen Seins.
Er ist die Zuflucht derer, die ihm folgen.
Er ist der Beschützer derer, die ihn nicht beachten.

Wir ehren jene,
die kein Interesse zeigen an diesem Weg,
mit sanften Worten und liebevoller Freundlichkeit.

Größer als jedes Geschenk von Wohlstand oder Macht
ist unsere stille Hingabe für einander.
Zwei Wahrheiten leiten uns auf dem Weg:
„Schau nach innen und du wirst finden"
und
„Du bist frei von Schuld."

Deshalb lieben wir diesen Weg
mehr als alles andere.

63 ☯ Für uns selbst und für alle Wesen

Handlung entfaltet sich auf diesem Weg ohne Mühe.
Werke werden vollbracht ohne Anstrengung.
Das Leben wird genossen, ohne anzuhaften.
Das Kleinste wird geschätzt
und das Größte wird als gewöhnlich betrachtet.
Unfreundliche Behandlung
wird als eine Gelegenheit freundlich zu sein angesehen.
Kleine Schritte führen zu großen Leistungen.
Schwierige Aufgaben werden
als eine Folge von einfachen Schritten gesehen.

Daher schenken wir der Aufgabe, die vor uns liegt,
vollständige Aufmerksamkeit.

Es gibt keinen oberflächlichen Weg, unser Leiden zu beenden.
Wir können uns nur ganz diesem Augenblick hingeben.
Genau das tun wir
für uns selbst und für alle Wesen.

64 ☯ Der einzelne kleine Schritt

Stilles Sitzen erlaubt uns,
die feinen Bewegungen des Geistes wahrzunehmen.
Unbedeutende Gedanken, die zum Leiden führen,
sehen wir frühzeitig und machen uns frei davon.
Da Ärger im Geist beginnt,
beobachten wir den Geist sorgfältig,
und Ärger endet, bevor er beginnt.

Diese Übung erscheint so untätig und still.
Dennoch ist sie das Samenkorn,
aus dem der große Baum wächst.
Es ist der einzelne kleine Schritt,
mit dem die Reise von tausend Meilen beginnt.

Wenn wir uns auf unserem Weg beeilen oder uns
unter Druck setzen,
entzieht er sich uns.
Wir lassen Vorstellungen
von Erfolg und Misserfolg los.
Wir machen geduldig den nächsten notwendigen
Schritt
und alles entfaltet sich genauso, wie es sollte.

Wir legen unsere Wünsche ab
und nehmen unsere Zufriedenheit an.
Wir legen unsere Konditionierung ab
und nehmen unser wahres Wesen an.
Wir helfen liebevoll allen Wesen überall,
zu ihrem wahren Wesen zurückzukehren.

65 ☯ Das Leben in seiner Fülle leben, mit Freuden zurückkehren

Die großen Lehrer dieses Weges
lehrten mit bescheidener Einfachheit.
Keine Kathedralen, keine Bücher, überhaupt kein
Aufwand.
Nur ein Mensch, der zu einem anderen
über das gewöhnliche Alltagsleben sprach.

Heutzutage schwafeln die Experten
über jedes Ding unter der Sonne
in dem Bestreben, Menschenmengen zu sammeln
und die Umstände mit ihren klugen Worten zu
kontrollieren.
Jeder wird betrogen.

Nur ein Lehrer, der
vom Herzen her lehrt,
ist wirklich ein Segen für uns.
So einer enthüllt
die Geheimnisse des Universums:
Wie alle Formen und Wesen
die Macht des Tao ausdrücken,
indem sie das Leben in seiner Fülle leben
und dann zu ihrer Quelle zurückkehren.
Dies ist das Herz unserer Lehre:
Das Leben in seiner Fülle leben
und mit Freuden zurückkehren.

66 ☯ Groß ist ihre Ehre

Ströme und Flüsse schneiden Schluchten und Täler
aus,
weil sie zum Ozean hinunterfließen.
Die Kraft liegt in dem Hinunterfließen.

Einer, der uns bei dieser Übungspraxis hilft,
spricht und handelt mit Bescheidenheit.
Daher fließt unsere eigene Kraft.
Einer, der uns auf diesem Weg führt,
geht hinter uns.
Also hat unser eigenes wahres Wesen die Führung.

Unsere Dankbarkeit gegenüber den zahllosen
Menschen,
die diesen Weg bis zum heutigen Tag
weitergegeben haben,
ist grenzenlos.
Sie lehrten mit Sanftmut und Würde.
Groß ist ihre Ehre.

67 ☯ Mitgefühl ist die Wurzel

Niemand sieht etwas Besonderes an diesem Weg.
Aber gerade weil er so gewöhnlich erscheint,
ist er voller Wunder.
Niemand ist es gelungen, ihn zu vermarkten.
Niemand hat ihn verwässert.

Drei Tugenden sind diesem Weg eigen:
Mitgefühl, Einfachheit und Geduld.
Wo immer Mitgefühl herrscht,
hat Angst keinen Platz.
Wo immer Einfachheit herrscht,
wohnt Großzügigkeit.
Wo immer Geduld herrscht,
werden alle Dinge vollendet.

Wenn wir versuchen, furchtlos zu sein,
und kein Mitgefühl haben,
werden wir rücksichtslos.
Wenn wir versuchen, großzügig zu sein,
und keine Einfachheit besitzen,
werden wir kontrollsüchtig.
Wenn wir versuchen, Dinge zu vollenden,
und keine Geduld haben,
werden wir zu Versagern.

Mitgefühl ist die Wurzel all dieser Tugenden.
Es ist das ureigene Wesen des Tao.
Es ist die Energie, die alle Dinge zusammenhält.

68 ☯ Nicht versuchen zu bessern

Wenn Konfrontation entsteht,
begegnen wir ihr ohne Aggression.
Wenn jemand sich uns entgegenstellt,
geben wir nicht unserem Zorn nach.
Wir sehen niemanden als Konkurrenten an,
weil wir nicht unseren eigenen Willen suchen.

Wir kennen unsere Stärken
und wir kennen unsere Schwächen.
Wir nutzen beide mit Gewinn.
Wir versuchen nicht, uns selbst oder andere zu bessern,
deshalb bewegen wir uns leicht und natürlich auf unserem Weg.

69 ☯ Niemanden Feind nennen

Militärstrategen stimmen dem zu.
Sie würden sich eher verteidigen
als einen törichten Angriff starten.
Sie würden eher ihren Standort sichern
als übermäßig weit vorzurücken.

So schreiten wir voran,
ohne jemanden zu erobern.
Wir gewinnen,
ohne dass jemand verliert.
Wir stellen uns Hindernissen,
ohne Waffen zu gebrauchen.

Wir nennen niemanden Feind,
denn jemanden Feind nennen,
bedeutet unsere innere Einheit verlieren.
Dann sind wir gespalten und stehen gegen uns selbst
und alle leiden.

Wenn Konflikt entsteht,
spalten wir uns nicht von uns selbst ab.
So bleiben wir in Frieden.

70 ☯ Leicht zu finden und leicht zu gehen

Unsere angelernten Sicht- und Handlungsweisen
machen uns das Verstehen schwierig.
Aber dieser Weg ist leicht zu finden
und leicht zu gehen.

Dieser Weg entspringt aus der Quelle von allem.
Seine Kraft erfüllt alle Dinge mit Leben.
Wenn wir diese Quelle kennen lernen,
lernen wir uns selbst kennen.

Wenn wir diesem Weg folgen, werden wir
zu dem inneren Schatz unseres Wesens geführt.
Unsere äußeren Lebensumstände gestalten wir
einfach,
so sind wir frei, uns unserer inneren Freude
hinzugeben.

71 ☯ Wir kennen sein Ende

Wenn wir vorgeben, bewusst zu sein,
aber unser eigenes Leiden
nicht erkennen,
bleiben wir unwissend.

Die tiefste Freude auf diesem Weg ist die
Bewusstwerdung
des Leidens, das von unserem eigenen Geist erzeugt
wird.
Dadurch dass wir den Ursprung des Leidens erkennen,
kennen wir auch sein Ende.

72 ☯ Ehrfurcht vor dem Mysterium

Wenn wir keine Ehrfurcht vor dem Mysterium haben,
werden wir leicht von Angst beherrscht.
Wir schränken uns aus Selbsthass ein
und werden bereitwillig zum Opfer anderer
Menschen.

Wenn wir unser wahres Wesen kennen,
sehen wir uns selbst klar,
aber wir werden nicht arrogant.
Wir lieben uns selbst,
aber nicht als getrennt von allen anderen Wesen.
Unsere äußere Identität
wird durch unsere innere Wirklichkeit genährt.

73 ☯ Wir verirren uns niemals

Wir tun unser Bestes,
dennoch scheinen unsere Handlungen manchmal schädlich.
Zu anderen Zeiten
scheinen sie nützlich.
Wir finden keine Antwort auf die Frage, warum das so ist.
Uns wird nur gezeigt, wie man einen Schritt auf einmal macht
und sowohl Schaden als auch Nutzen
als wesentlichen Bestandteil des Lebens annimmt.
Uns wird gezeigt, wie man still bleibt
und doch auf jede Situation antwortet.
Uns wird gezeigt, wie man anwesend ist,
schon bevor man gerufen wird.
Uns wird gezeigt, wie man geduldig ist
und doch alles vollendet.

Auf diesem Weg gibt es
viele Geheimnisse und viel Unbekanntes,
dennoch verirren wir uns niemals auf ihm.

74 ☯ Wir schneiden uns ganz gewiss

Unser wahres Wesen fürchtet den Tod nicht.
Unser konditionierter Geist erschafft diese Angst
in einem fruchtlosen Versuch, die Ereignisse zu kontrollieren
und die Menschen auf seiner Linie zu halten.

Der Tod ist ein natürlicher Teil dieses Weges.
Eine unnatürliche Angst vor dem Tod führt nur zum Töten.
Es ist wie wenn man versucht, die komplizierten Werkzeuge
eines Handwerksmeisters zu benutzen.
Wir schneiden uns ganz gewiss.

75 ☯ Wahre Einfachheit leben

Warum fehlt den Armen, was sie benötigen?
Weil die Reichen zu viel verbrauchen.
Warum werden die Menschen rastlos und
unzufrieden?
Weil die Mächtigen jeden Aspekt ihres Lebens
zu kontrollieren versuchen.

Jedermann ist so beschäftigt damit
zu bekommen und zu behalten,
dass keiner wirklich zu leben lernt, bevor er stirbt.

Um diesem Weg zu folgen,
müssen wir übermäßigen Verbrauch aufgeben
und wahre Einfachheit leben.

76 ☯ Unsere wahre Stärke

Bevor wir durch all das „Du musst und du darfst nicht“
des Lebens konditioniert werden,
sind wir von Natur aus zart und sanft.
Wenn wir alt werden,
verkrampfen wir uns um diese Bedingungen herum
und sterben schließlich steif und starr.
Tatsächlich sind alle Lebewesen am Anfang weich und beweglich
und enden schließlich spröde und ausgedörrt.

So sehen wir, dass Härte und Unbeugsamkeit
Zeichen des Todes sind,
und dass Zartheit und Sanftheit
Zeichen des Lebens sind.

Es ist die Fähigkeit, ihre Pläne zu ändern,
die eine Armee vor Niederlagen bewahrt.
Es ist die Fähigkeit, sich im Wind zu beugen,
die einen Baum vor dem Umstürzen bewahrt.
Unsere natürliche biegsame Zartheit
ist unsere wahre Stärke.

77 ☯ Dynamisches Gleichgewicht

Diesem Weg zu folgen, ist wie einen Bogen spannen.
Das eine Ende wird runter
und das andere rauf gezogen,
so dass ein dynamisches Gleichgewicht entsteht.
So fördert auch dieser Weg ein dynamisches
Gleichgewicht
zwischen Übermaß und Mangel.
Wenn wir Übermaß sehen,
vermindern wir es.
Wenn wir Mangel sehen,
beheben wir ihn.

Dieses ist der gewöhnlichen Weisheit entgegengesetzt.
Die gewöhnliche Weisheit strebt danach,
Übermaß beständig weiter zu mehren.
Dabei muss das, was schon Mangel leidet,
sich noch mehr mindern.
Das Gleichgewicht wird zerstört.

Um das Gleichgewicht zu wahren,
müssen wir diesem Weg vertrauen
und zu unserem wahren Wesen stehen.
Dann können wir ohne Sorge geben
und ohne daran festzuhalten empfangen.

78 ☯ Weich und nachgiebig

Dieser Weg scheint paradox.
Wie Wasser ist er weich und nachgiebig.
Dennoch gibt es keinen besseren Weg,
um die Steifheit und Starre zu überwinden,
die so viel Leiden schafft.

Wir wissen intuitiv, dass Nachgiebigkeit
wirksamer ist als Sturheit
und dass Sanftmut besser ist
als Hartherzigkeit.
Dennoch halten uns unsere über viele Jahre
erworbenen Gewohnheiten davon ab,
nach diesem Wissen zu handeln.

Indem wir alles annehmen,
was bescheiden und einfach scheint,
werden wir Herr jeder Situation.
Indem wir unser Herz allem öffnen,
was schmerzhaft und schwierig scheint,
helfen wir, alles Leiden zu beenden.
Kein Wunder, dass dieser Weg paradox erscheint.

79 ☯ Keine besonders Bevorzugten

Groll führt immer
zu noch mehr Groll.
Nur Zufriedenheit führt
zu Zufriedenheit.
Daher streben wir nicht nach Vorteil oder Kontrolle.
Unsere Zufriedenheit ist unabhängig
von den Handlungen anderer.
Nach einer besonderen Stellung zu streben,
entspricht nicht dem Fluss des Lebens.

Es gibt keine besonders Bevorzugten auf diesem Weg.
Er entfaltet sich vor jedem, der ihn geht.

80 ☯ Wir haben wirklich gelebt

Wir leben nur in diesem Augenblick,
deshalb suchen wir nicht ständig
einen schnelleren Weg, um Dinge zu erledigen,
oder einen besseren Ort, wo wir sein könnten.
Unsere Fahrzeuge stehen still,
außer sie werden wirklich gebraucht,
und unsere Waffen bleiben weggeschlossen.

Unsere Aufmerksamkeit ist immer
auf die Erfahrung des Augenblicks gerichtet,
so erfreuen wir uns an unserem Essen,
unserer Kleidung,
unserem Zuhause
und jedem Aspekt
einer einfachen Lebensweise.

Obgleich die Welt voll ist mit
Sehenswürdigkeiten, die wir nicht gesehen haben,
sterben wir zufrieden,
weil wir wirklich gelebt haben.

81 ☯ Wir haben immer genug

Worte, die wirklich von Nutzen sind,
gefallen unserem konditionierten Geist nicht.
Worte, die unserem konditionierten Geist gefallen,
sind nicht wirklich von Nutzen.
Dieser Weg wird nicht durch Argumente gelehrt,
Wer Argumente benutzt, lehrt nicht diesen Weg.
Auch Bücher können diesen Weg nicht lehren.
Wenn wir uns auf Bücher verlassen,
finden wir diesen Weg nicht.

Einfachheit ist unser freudvoller und praktischer
Führer.
Daher haben wir immer genug,
um großzügig zu leben.
Auf diese Weise bringt unser Weg großen Gewinn
und richtet dennoch keinen Schaden an.
Da wir nicht mehr nach Kontrolle streben,
entdecken wir, dass das Leben ein ewig strömender
Fluss ist.

III. Der Übungsweg

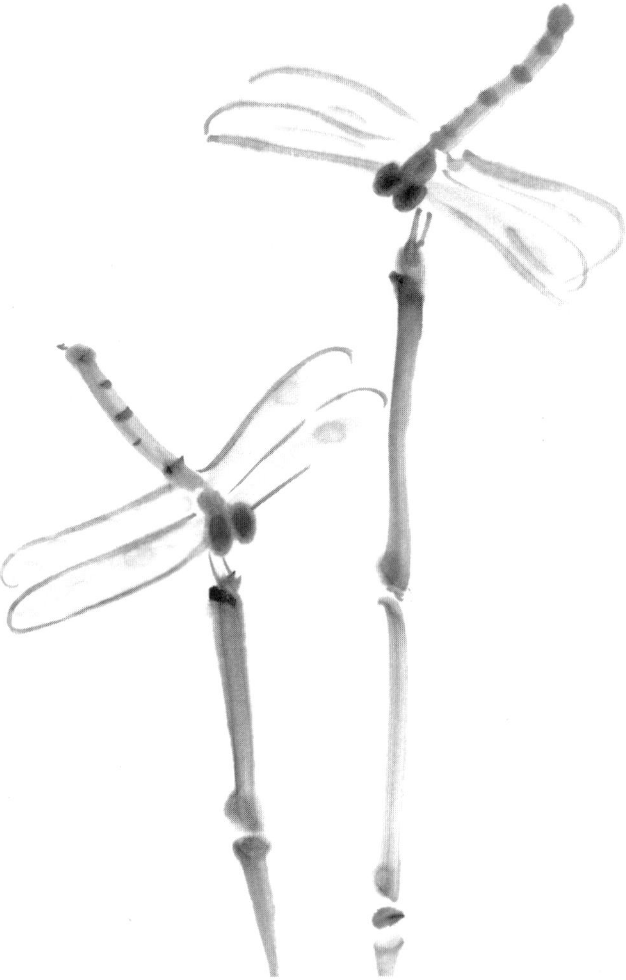

Meine Frau Nancy und ich leben und lehren am „Still Point Center" in Chico, Kalifornien. Wenn du in der Nähe lebtest, hättest du die Möglichkeit, zweimal am Tag mit uns zu meditieren. Du könntest an einem unserer monatlichen Workshops oder einem Meditationstag teilnehmen. Du könntest bei einem von mehreren regelmäßig jede Woche stattfindenden Kursen vorbeischauen. Du könntest eine Arbeitsmeditation in unserem Zen-Garten machen. Du hättest die Möglichkeit, einen Termin für eine Einzelsitzung mit Anamnese, der Erfassung deiner (Leidens-)Geschichte, und Beratung zu buchen.

Vielleicht würde dir ganz besonders unser fortlaufendes Studium des Tao Te King gefallen. Jede Woche sehen wir uns in entspannter und zwangloser Umgebung ganz genau ein Kapitel aus Lao Tse's Buch an. Wir beschäftigen uns mit dem Text in mehreren Übersetzungen und reden über alles was dabei in uns aufsteigt. Meine Aufgabe als Berater und Lehrer ist es, jedem Teilnehmer dabei zu helfen, die Gedanken und Gefühle, die auftauchen, zu klären und zu verstehen. Es ist nicht meine Aufgabe zu erklären, zu berichtigen, zu lenken oder den „richtigen" Gedanken zu liefern. Ich helfe nur.

Den „Still Point" gibt es nun seit mehreren Jahren und wir lesen das Tao Te King schon viele Male. Jedes Mal, wenn wir das Ende des einundachtzigsten Kapitels erreicht haben, beginnen wir wieder von vorne bei Kapitel 1 und empfinden den nächsten Durchgang als eine vollkommen neue Erfahrung. Wir entdecken immer wieder Neues und dringen immer tiefer ein.

In diesem Teil des Buches erforschen wir auf ziemlich die gleiche Art und Weise Lao Tse's Werk wie in der wöchentlich stattfindenden Arbeitsgruppe. Ich habe aus jedem Kapitel einen kurzen Satz ausgewählt und einige kurze Bemerkungen und Fragen hinzugefügt, genauso wie ich es in der Arbeitsgruppe tun würde. Diese Anregungen und Fragen behandeln nicht erschöpfend den

Inhalt eines Kapitels, aber sie liefern Anregungen, wie du dich dem Text nähern könntest.

Wir werden die Kapitel in der Reihenfolge, in der sie im Text erscheinen, erforschen, genauso wie wir es in der Arbeitsgruppe tun. Dadurch lernen wir das nicht-lineare Wesen dieses Weges zu schätzen. Themen bewegen sich in Kreisen und tauchen wieder auf, wenn wir sie am wenigsten erwarten. Wir werden uns bewusst, dass wir uns nicht auf einem einfachen „Heilmach"-Weg befinden, um Kontrolle über unser Leben zu erlangen. Wir sind auf einer geheimnisvollen Reise, auf der wir jeweils einen einzelnen Schritt machen und niemals wissen, was genau der nächste Schritt sein wird, bevor der aktuelle, anstehende Schritt gemacht wurde. Aber wir vertrauen dem Weg, den Übungen, und wir vertrauen uns gegenseitig.

Meditation

In diesem Teil des Buches biete ich auch an jedem Kapitelende kurze Atem-Mantras für deine Meditationspraxis an. Diese Mantras sind nützlich, wenn sie während deiner Meditation still im Atemrhythmus rezitiert werden. Ich empfehle die einfachsten Grundformen von Meditation – sitze oder stehe einfach bequem und lasse deine Aufmerksamkeit immer wieder zum Atem zurückkehren. Versuche nicht, deinen Geist zu leeren oder deinen Gedanken Widerstand zu leisten. Nimm einfach nur wahr, wenn deine Gedanken dich in alte Gewohnheiten, Geschichten, Dramen, Sorgen, Pläne und so weiter hineinziehen, und kehre sanft zum Atem zurück. Benutze ein Atem-Mantra, wenn es dir hilfreich erscheint. Oder denke einfach: „Ich atme … ich atme … ich atme …"

Eine vertraute Unterhaltung

Ich versuche, ungeachtet der Begrenzungen durch Zeit, Entfernung und das gedruckte Wort mit dir auf diesem Übungsweg präsent zu sein. Während ich diese Worte schreibe, stelle ich mir vor, dass wir uns an einem angenehmen und ruhigen Ort befinden, der unserem Meditationsraum gleicht. Neben uns steht ein Tisch mit einem einfachen Blumenschmuck. Ich heiße dich mit einer respektvollen Verbeugung willkommen und wir setzen uns zu einer entspannten Unterhaltung nieder. Bitte nutze deine eigene Vorstellungskraft und schließe dich mir an. Setze dich bequem hin und stelle dir vor, dass wir an diesem stillen Ort zusammen sind und uns gegenseitig unsere volle Aufmerksamkeit schenken. Bereite dir eine Tasse Tee und stelle dir vor, dass wir auch das miteinander teilen. Benutze meine kurzen Vorschläge, um deinen eigenen inneren Dialog anzuregen. Stelle eine Frage. Horche auf Führung. Der wahre Lehrer lebt in dir und du hast bereits alle Führung, die du brauchst. Vertraue dir. Mache den nächsten Schritt.

Kapitel Eins

Über einen Weg reden
ist nicht dasselbe,
wie den Weg gehen.
Über das Leben nachdenken,
ist nicht dasselbe
wie leben.

Unsere Übung besteht nicht darin, mit dem Denken und Reden aufzuhören. Unsere Übung besteht darin, unsere Aufmerksamkeit darauf zu richten, wie wir denken und reden gelernt haben. Wir beobachten, wie diese von außen übernommenen Gewohnheiten uns davon abhalten, unser Leben wirklich zu leben, und es durch eine Besessenheit von Vorstellungen über unser Leben ersetzen.

☯ Versuche, dir diese Frage während des Tages immer wieder zu stellen: „Lebe ich in diesem Augenblick oder denke ich über Leben nach?"
Schau hin, ob du den feinen Unterschied erkennen kannst.

Ich habe meine Gedanken … aber ich bin nicht meine Gedanken

Kapitel Zwei

**Alles bringt seinen Gegenpol hervor,
darum wirken wir ohne bewusste Anstrengung …**

Unbewusster Widerstand gegen eine Handlung wird zum ständigen Begleiter einer solchen Handlung. Es ist schwierig, eine Handlung zu begehen, die man eine reine Handlung nennen könnte, weil sie die dem Leben innewohnenden Gegenpole integriert und annimmt. Wenn wir die Polarität des Lebens annehmen, sind wir in der Lage, nutzbringend zu handeln ohne Vorstellungen über den Ausgang der Handlung und ohne den Gedanken „Es sollte anders sein". Wir wollen nicht mehr alles verbessern und gerade deshalb verbessern wir mit unseren Handlungen am Ende das Leben aller.

- ☯ Welche Dinge erfährst du als hässlich und unnütz? Wie reagierst du auf diese Dinge?
- ☯ Nimmst du ein gewisses Maß an Widerstand, überflüssigen Gedankengängen und Anstrengung wahr, wenn du versuchst nutzbringend zu handeln?

Wenn ich alles annehme … vollbringe ich alles

Kapitel Drei

Er befreit uns von unseren Wünschen und gibt uns die Intensität des Augenblicks zurück.

Je mehr sich unsere Gedanken in *Wünsche* verwickeln, desto unfähiger sind wir vollkommen präsent zu sein mit dem, was jetzt tatsächlich hier ist. Umgekehrt verschwinden unsere Wünsche in dem Maße, in dem wir vollkommen in diesem Moment präsent sind.

- ☯ Denke an eine Zeit, in der du vollkommen von dem absorbiert warst, was du gerade machtest. Erinnere dich an dieses Gefühl. Kannst du dich daran erinnern, wie und wann dieses Gefühl verschwand und wie deine Gedanken sich von diesem Moment abwandten und zu irgendetwas anderem in der Zukunft wanderten?
- ☯ Wende deine Aufmerksamkeit deinem Atem und dem gegenwärtigen Augenblick zu. Du liest gerade dieses Buch. Gibt es noch irgendetwas anderes, was du jetzt gern tun möchtest? Kannst du für den Moment behutsam von diesem Wunsch Abstand nehmen?

Wünsche loslassen … zur Intensität des Augenblicks zurückkehren

Kapitel Vier

Auf diesem Weg
erfüllt uns unerschöpfliche Energie.

Was Lao Tse eine „Leere" nennt, ist eigentlich ein Bewusstseinszustand, in dem alle unsere begrenzten Vorstellungen davon, wer wir sind, verschwinden. Wenn wir uns diesem Zustand nähern, empfinden wir oft Angst und Schrecken, als ob wir dann nicht mehr existieren würden, und so kehren wir uns völlig davon ab und wenden uns Widerstand und Ablenkung zu. Wir sind frustriert und erschöpft, weil wir unsere Energie für Widerstand und Ablenkung verbrauchen. Könnten wir unseren Widerstand aufgeben, wären wir vielleicht überrascht über die Energie, die uns dann zur Verfügung steht.

☯ Du hast zweifellos Anteile in dir, die keine spirituelle Übung wollen. Sie wollen „einfach nur erreichen, dass das Leben funktioniert". Kannst du wahrnehmen, wie sie dich dazu veranlassen könnten, dich abzuwenden? Kannst du die Erschöpfung spüren, die damit einhergeht?

Leer werden … Fülle finden

Kapitel Fünf

Darum heißen wir alles und jeden ohne Unterschied willkommen.

Vielleicht wäre es nützlich, zwischen „willkommenheißen" und „genießen" zu unterscheiden. Niemand will die schwierigen, unangenehmen und schmerzlichen Bereiche des Lebens haben. Aber wenn sie trotz unserer Anstrengungen, sie zu verhindern, in Erscheinung treten, gut ... dann sind sie eben da. Nicht nötig vorzutäuschen, dass man sie genießt oder gutheißt. Vielleicht könnten wir einfach nur bereit sein, sie als Teil dessen was in diesem Augenblick da ist zu akzeptieren und so die geistige Energie zu verringern, die damit verbraucht wird, sie einzuschränken und zu unterdrücken.

☯ Nimm die Elemente deines Lebens wahr, die in diesem Moment „nicht willkommen" sind. Manchmal ist dieses „Nicht-Willkommen"-Gefühl verbunden mit Enge und Spannung in Bauch, Brust, Schultern oder Stirn. Kannst du diese Spannung nur ein klein wenig lockern, ohne deine Empfindungen zu verdrängen?

***Wenn alles willkommen geheißen wird ...
verschwindet jedes Leiden***

Kapitel Sechs

Wir brauchen uns nicht zu erschöpfen
in dem Bestreben, sie zu finden.
Sie ist immer bei uns,
weil sie in uns ist.

Wir sprechen oft vom spirituellen Weg als einer Suche nach dem Göttlichen. Suchen ist nicht falsch, aber Lao Tse würde darauf hinweisen, dass die Suche uns immer einen Schritt hinterher hinken läßt, immer damit identifiziert ein „Suchender“ zu sein. Er würde diesen Weg nicht als eine „Suche“ nach irgendetwas beschreiben. Für ihn ist es ein Weg, um das „Finden“ zu üben. Ein Weg, der enthüllt, dass es in keinem einzigen Augenblick etwas zu suchen gibt, weil alles schon da ist.

☯ Was wenn die Suche nach dem Göttlichen eigentlich dazu dient, dich vom Göttlichen fernzuhalten? Wie wäre es, wenn die Sehnsucht deines Herzens gerade in diesem Augenblick, in diesem Atemzug, gestillt werden könnte? Kannst du spüren, wie sich das anfühlen würde?

Nichts zu suchen … alles ist hier

Kapitel Sieben

Wenn sie auftauchen,
beobachten wir.
Wenn sie wieder verschwinden,
bleiben wir.

Dieses Beobachten ist keineswegs ohne Anteilnahme. Wir dürfen alles fühlen. Wir sollten lediglich den Rat beherzigen, uns nicht mit irgendetwas Vergänglichem zu identifizieren, wie Gefühle, Meinungen, Persönlichkeiten, Situationen usw. Beachte z.B. den feinen Unterschied zwischen „Ich fühle Angst“ und „Ich bin angstvoll“.

☯ Gibt es gewisse Gefühle oder Situationen, mit denen du dich im Moment identifizierst statt einfach nur die Erfahrung zu machen?

Das Tao und ich … bleiben

Kapitel Acht

So fließt unser Leben wie Wasser
und erfüllt sich auf natürliche Weise.

Wenn wir unser Leben mit einer gewissen Einfachheit und sanften Freundlichkeit einrichten, bekommt der Tag für uns einen natürlicheren Fluss. Dennoch wählen und handeln wir immer noch. Aber wir tun das ohne krampfhafte Anstrengung und ohne es uns wieder anders zu überlegen. Wir müssen keine Erfüllung finden. Erfüllung entsteht ganz natürlich aus unserer Erfahrung des Augenblicks – des „voll gefüllten" Augenblicks.

- ☯ Suchst du irgendwie nach Erfüllung? Was bedeutet dieser Ausdruck für dich?
- ☯ Bist du in diesem Augenblick in Berührung mit dem Gefühl von „voll gefülltem" Leben?

Das Leben … ist er-füllt

Kapitel Neun

**Wirken, ohne an Lob oder Tadel zu denken,
das ist der Weg wahrer Zufriedenheit.**

Lob und Tadel sind die Ecksteine der Identitätsbildung. Es ist fast unmöglich, ein Gefühl dafür zu bekommen, wie das Leben ohne diese beiden Pole wäre. Selbst während ich diese Worte schreibe, höre ich eine Stimme in meinem Kopf, die flüstert: „Ohne Lob und Tadel würde niemand wissen, wie er leben sollte." Aber wäre es vielleicht nicht trotzdem möglich, dass unser Verhalten auch ohne den dauernden Gebrauch von Zuckerbrot und Peitsche reifen würde? Gibt es etwas in uns, das sich ganz natürlich an sinnvoller Handlung erfreut?

☯ Wie schränkt das Streben nach Lob und das Vermeiden von Tadel dein Leben ein? Sieh dir insbesondere an, wie du dich selbst lobst und tadelst. (Erinnere dich daran, dass dies ein sanfter Prozess ist. Tadle dich nicht dafür, dass du dich lobst und tadelst!)

Loslassen … frei sein

Kapitel Zehn

Können wir sowohl die annehmbaren, wie auch die unannehmbaren Teile unserer selbst zulassen?

Es ist wichtig zu beachten, dass es auf diesem spirituellen Weg nicht darum geht, uns zu verändern. Es geht darum, uns dem Wunder des Lebens, wie es wirklich ist, zu öffnen und dem Wunder dessen, wer wir wirklich sind. Das ist für die meisten von uns sehr schwierig. Wir sind die Produkte von Jahrtausende alter Konditionierung und von begrenzten Vorstellungen, die uns sagen, dass wir uns Leiden einhandeln, wenn wir nicht gegen unsere ursprüngliche Natur ankämpfen. Achte auf zwei Glaubenssätze, die du vielleicht unbewusst aufstellst. Der erste ist, dass du dich niemals verändern wirst, wenn du dich so annimmst wie du bist. Der zweite ist, dass du auf unverantwortliche Art und Weise handeln wirst, wenn du dich so annimmst wie du bist.

- ☯ Wie wäre es, wenn diese Glaubenssätze nicht wahr sind?
- ☯ Welche „Teile" deiner selbst sind am schwierigsten für dich anzunehmen? Hörst du eine Stimme, die sagt: „Du darfst diese Teile nicht annehmen. Du musst sie verändern oder sie werden dich zerstören?" Wie wäre es, wenn diese Stimme Unrecht hat?

Wenn ich mir selbst vertraue … werde ich „ich selbst"

Kapitel Elf

Wir leben mit dem Sichtbaren und dem Greifbaren, aber es ist das Unsichtbare und Ungreifbare in uns, das unseren Wert ausmacht und uns Leben schenkt.

Um einen Einblick in die spirituelle Natur der Existenz zu bekommen, beobachten wir gewöhnliche Dinge und Ereignisse. Für Lao Tse sind das Drehen eines Rades, das Leeren und Füllen einer Schüssel, das Leben im Haus, die wesentlichen Eigenschaften. Das Rad, die Schüssel und das Haus sind nur der greifbare Ausdruck ihrer ungreifbaren Eigenschaften.

Das ist keine esoterische oder mysteriöse Übung. Es geht einfach nur darum, dem Gewöhnlichen etwas mehr Zeit und Aufmerksamkeit zu schenken und tiefer zu blicken.

- ☯ Was tust du gerade? Wo bist du? Tu so, als ob wir zusammen telefonierten. Erzähle mir, was du siehst, wenn du dich umschaust.
- ☯ Nun erzähle mir etwas über das Ungreifbare. Welche Eigenschaften liegen unterhalb der Dinge, die du siehst?

Tief blicken … wirklich leben

Kapitel Zwölf

All unsere Gelüste zu befriedigen, erzeugt Überdruss.

Ein großer Teil unserer kulturellen Konditionierung besteht darauf, dass Zufriedenheit und Befriedigung möglich sind, wenn wir uns nur noch ein klein wenig mehr Mühe geben. Wie viel Mühe wir uns jedoch auch geben, es bleibt immer noch irgendetwas anderes zu tun, um die äußeren oder inneren Stimmen zufrieden zu stellen. Der einzige Ausweg besteht darin, den Vorgang als das zu sehen, was er ist: Eine geistiger Mechanismus für Unzufriedenheit. Was uns wie Hamster in einem Rad endlos im Kreis herum laufen lässt, ist der wirkende, unbewusste Glaube, dass es irgendwie „funktionieren" wird.

- ☯ Wenn du immer noch versuchst, jede innere und äußere Stimme zufrieden zu stellen, so liegt das daran, dass ein Teil von dir immer noch glaubt, dass es sich lohnt. Wodurch wird dieser Glaube verstärkt?
- ☯ Wie könnte man etwas lockerer damit umgehen?

Ich bin die Stille … unter den Stimmen

Kapitel Dreizehn

Uns als getrennt und isoliert zu sehen, lässt uns leiden.

Könnte das Gefühl des Getrenntseins vom Universum, das uns ein Gefühl von Verletzlichkeit und Angst vermittelt, in Wirklichkeit eine angelernte Gewohnheit sein, eine konditionierte Art und Weise, die Dinge zu sehen? Wie wäre es, wenn wir nicht in Haut eingeschlossene „Dinge" wären, denen das Leben zustößt, sondern stattdessen Teil des Lebens selbst, wie es von Augenblick zu Augenblick geschieht?

- ☯ Wie würde sich deine Lebenserfahrung verändern, wenn das wahr wäre?
- ☯ Ich sitze hier am Fenster eines Coffeeshops in der Innenstadt von Chico, Kalifornien, und schreibe diese Worte. Du bist genau jetzt irgendwo und liest diese Worte. Du liest „Jetzt". Ich schreibe „Jetzt". Sind wir wirklich so getrennt?

Ich bin Teil … von allem, was ich sehe

Kapitel Vierzehn

**Um unser wahres Wesen zu erkennen,
brauchen wir nur zu unserem Atem zurückzukehren,
hier und jetzt.**

Atmen ist das natürlichste und wirkungsvollste Tor zur Erfahrung des gegenwärtigen Augenblicks. Alle unsere esoterischen Spekulationen fallen weg, wenn wir uns der einfachen Erfahrung des Ein- und Ausatmens zuwenden. Es ist zutiefst einfach. Aber es ist eine Einfachheit, die äußerst schwer zu praktizieren ist. Konditionierte geistige Gewohnheiten ziehen uns ständig in das Reich des „nach irgendetwas Ausschau Haltens".

☯ Ich werde die nächsten fünf Minuten einfach hier sitzen und atmen – nicht schreiben, nicht über das Schreiben nachdenken – einfach nur atmen. Schließe dich mir an.

☯ Während der letzten fünf Minuten beobachtete ich, wie mein Geist mich zu mindestens einem Dutzend verschiedenen Plätzen hinzog – zu Zeitschriftenartikeln, Filmen, Befürchtungen und Unterhaltungen mit Freunden. Jedes Mal, wenn ich abschweifte, richtete ich die Aufmerksamkeit wieder auf meinen Atem und saß einfach nur da. Wie waren die fünf Minuten für dich?

Ich atme ein … Ich bin hier

Kapitel Fünfzehn

… sitzen wir geduldig und warten,
bis verworrene Gedanken zur Ruhe gekommen sind
und unser Geist klar geworden ist.
Dann lebt sich das Leben selbst durch uns.

Erleuchtung bedeutet für Lao Tse einfach, dem Leben mit achtsamer Aufmerksamkeit zu begegnen. Einfachheit und Geduld sind wesentlich. Wenn all der Lärm, der Stress, der Druck und die Spannung unserer Konditionierung schwindet, ist das was bleibt, Freiheit. Aber lasse dich nicht dazu verleiten, ungeduldig nach Geduld zu suchen oder gute Vorsätze zu fassen und Regeln über Einfachheit aufzustellen. Du musst nirgendwo hingehen und du musst niemand werden. Es ist alles schon deins.

☯ Wie könnte es sich anfühlen, frei von Sorgen und völlig in jeden Augenblick des Lebens absorbiert zu sein? Nutze deine Fantasie und beschreibe so vollständig wie möglich, wie dein Leben dann aussähe.

☯ Gibt es irgendetwas außerhalb von dir, dass wirklich zwischen dir und dieser Lebenserfahrung steht?

Nichts zu tun … niemand zu sein

Kapitel Sechzehn

Wenn wir unser wahres Wesen entdecken,
sind wir zu Hause
und nichts im Leben kann uns stören.

Unser Zentrum hier in Chico, Kalifornien, heißt „Der Stille Ort", „The Still Point". Hier versuchen wir eine Atmosphäre zu schaffen, in der die Eigenschaften von Gelassenheit, Offenheit und Mitgefühl, die in diesem Kapitel erwähnt werden, sich entfalten können. Diese Eigenschaften können nicht erzeugt oder erzwungen werden. Sie sind unserem wahren Wesen eigen, und nur wenn wir uns wieder an unser wahres Wesen erinnern, erfahren wir sie.

☯ Lege deine Hände eben unterhalb des Nabels auf deinen Körper. Unter deinen Händen, in der Mitte deines Körpers, gibt es einen „Stillen Punkt" – das Zentrum, um das herum dein Körper sich bewegt. Es gibt auch einen Stillen Punkt, um den herum dein Leben sich bewegt. Wann spürst du ihn? Wie fühlt er sich an?

„Zuhause" ist … ein Ort der Stille

Kapitel Siebzehn

Wie können wir einen anderen Menschen schätzen, wenn wir uns selbst hassen?

Sind wir wirklich von Nutzen für die Welt, wenn wir uns in vollkommener Unbewusstheit über unseren eigenen Schmerz und unseren eigenen Selbsthass dafür engagieren, anderen zu helfen und die Welt zu verbessern? Wir können der Welt kein größeres Geschenk machen, als uns bedingungslos selbst anzunehmen. Wenn das geschieht, wird auch unser Handeln bedingungslos. Frei von Bedingungen hilft unser Handeln anderen, sich selbst anzunehmen. Wenn sie sich selbst annehmen, handeln sie aus ihrem wahren Wesen. Die Welt ist geheilt.

- ☯ Innere und äußere Stimmen deuten vielleicht an, dass ein Weg spiritueller Bewusstheit nur dem eigenen Vergnügen dient. Welche Wirkung haben diese Stimmen?
- ☯ Was wenn diese Stimmen lediglich Ablenkungen und Widersacher sind, die aufgrund falscher Autorität zwar Respekt einflößend klingen, dich aber in Wirklichkeit in deinem Wachstum, deiner Reife und Kraft behindern und zurückhalten wollen?
- ☯ Ist Selbstbewusstsein und Selbstachtung dasselbe wie Ichsucht und Egozentrik?

Meiner selbst bewusst … bin ich mir allen Seins bewusst

Kapitel Achtzehn

Wenn wir vergessen, wer wir wirklich sind, wenden wir uns äußeren Regeln zu …

Du bemerkst vielleicht eine Tendenz, dieses Buch auf äußere Regeln und Strategien hin durchzusehen. „Irgendwo hier drinnen", hoffst du, „ wird er auspacken und mir sagen, welche Schritte ich machen soll, wie ich sie machen soll und wohin sie mich führen".

Tut mir leid. Auf diesem Weg gibt es nur eine einzige Regel: *Wir nutzen all unsere Erfahrung, um zu erkennen, auf welche Weise wir Widerstand leisten und unser Leben vermeiden, so dass wir diesen Widerstand und diese Vermeidung aufgeben und in Freiheit und Freude leben können.*

☯ Geschieht gerade in diesem Augenblick in deinem Leben etwas, das von der Anwendung dieser Regel profitieren würde?

Alles was ich erfahre … dient meiner Freiheit

Kapitel Neunzehn

Wir durchschauen die Verstrickungen unseres Geistes und entdecken, dass dahinter unser wahres Wesen auf uns wartet.

Wir versuchen nicht, heilig zu sein. Wir versuchen nicht, gut zu sein. Wir versuchen nicht, klug zu sein. Wir versuchen nicht, überhaupt *irgendetwas* zu sein! Wir üben immer und immer wieder die Rückkehr zum gegenwärtigen Augenblick. Im gegenwärtigen Augenblick sind wir unser wahres Selbst und uns ist von Natur aus alle Freundlichkeit eigen, die nötig ist, um die Welt zu heilen.

☯ Welche Eigenschaften versuchst du in dir zu entwickeln?

☯ Wie würde es sich anfühlen, wenn du damit aufhörtest?

Ich selbst bin es … der auf mich wartet

Kapitel Zwanzig

**Aber dieser Weg erfordert, dass wir die Illusion von Kontrolle aufgeben
und mit dem zufrieden sind, was immer uns begegnet.**

Ich wünschte, ich könnte Heiligkeit oder eine finanzielle Belohnung als Anreiz dafür versprechen, diesen Weg zu gehen. Er bietet aber nur die Wirklichkeit hinter dem spirituellen und materiellen Streben, zu dem wir konditioniert sind. Er bietet Frieden statt der Dinge und Situationen, von denen wir uns ein Gefühl von Frieden versprechen.

☯ Willst du wirklich Frieden und Zufriedenheit? Oder willst du die Dinge und Situationen, von denen du dir Frieden und Zufriedenheit versprichst? Kannst du den Unterschied erkennen?

Kontrolle aufgeben … wahren Frieden finden

Kapitel Einundzwanzig

**Wir kennen die Wahrheit dieses Weges,
nicht weil wir an sie glauben,
sondern weil wir diese Wahrheit sind.**

Die Reise in das Herz unseres wahren Wesens scheint nur deswegen unter einem düsteren Vorzeichen zu stehen, weil unser wahres Wesen jahrzehntelang hinter unseren geistigen Gewohnheiten verborgen war. Wir kehren nun tiefer in das Herz des Lebens ein als jeder beliebige Glaube uns je geführt hat oder führen wird. Wir werden das, was wir suchen.

- ☯ Wie mag es sich wohl anfühlen, das Wort „glauben" nie mehr zu verwenden?
- ☯ Kannst du dir vorstellen, stattdessen andere Wörter oder Sätze zu benutzen?

Glauben verlieren … Vertrauen entdecken

Kapitel Zweiundzwanzig

**Das Leben anzunehmen,
ist der einzige Weg zur Ganzheit.**

Dieser Weg gibt dem Wort „Vollkommenheit" eine neue Bedeutung. Es bedeutet nicht mehr „so wie ich es haben will", sondern „so wie es ist." Unser Geist wird behaupten, dass dieses *Annehmen* in Wirklichkeit Resignation ist. Falsch. Resignation ist ein ganz anderer Prozess, sie ist eine niedergeschlagene Ausweglosigkeit.

Resignation führt zu Bewegungsunfähigkeit. *Annehmen* führt zum Handeln.

☯ Übe das mit einer Situation in deinem Leben oder in der Welt, die sehr schwierig für dich ist. Nimm die unterschiedliche Energie wahr, wenn du laut sagst „Ich akzeptiere, dass es in diesem Augenblick so ist" und wenn du sagst „Ich resigniere, weil es so ist."

Annehmen was ist … erschaffen, was noch nicht ist

Kapitel Dreiundzwanzig

Erfolg und Misserfolg
werden als Teil eines vollkommen freudvollen
Ganzen gesehen.

Die Worte „Erfolg“ und „Misserfolg“ verlieren auf unserem Weg immer mehr an Bedeutung. Jede Erfahrung kann ein Spiegel sein, in dem wir sehen, wie wir uns vom Leben trennen. Jede Erfahrung wird zu einer guten Gelegenheit, unseren Widerstand, unsere Begrenzung und unsere Absonderung aufzugeben.

- ☯ Was siehst du über deine Konditionierung, wenn du „Erfolg“ hast?
- ☯ Was siehst du über deine Konditionierung, wenn du „keinen Erfolg“ hast? (Denke daran, es ist dein Sehen, das dich befreit, nicht das Gesehene.)

Alles benutzen … um mich zu befreien

Kapitel Vierundzwanzig

Gerade die Freiheit, die all das verspricht, zeigt sich nicht, bis wir das Gepäck niederlegen.

Dieser Weg übt keine Nachsicht mit unserem Bedürfnis, etwas zu erreichen oder jemand zu sein. Wir müssen die Stimmen, die uns auf der Suche nach Anerkennung zu spiritueller Selbstverbesserung drängen, sorgfältig prüfen. Diese Stimmen geben vor, Anwälte unserer Selbstverbesserung zu sein, aber sie sind im Irrtum. Sie sind lediglich Teil der üblichen Versuche „es richtig zu machen", die wir von Kindheit an gelernt haben.

- ☯ Es ist vielleicht die schwierigste Aufgabe auf dem ganzen Weg, die Idee der Selbstverbesserung aufzugeben. Was an dir versuchst du zu verbessern?
- ☯ Wie könnte das dazu beitragen, dass du stecken bleibst?

Nicht Freiheit gewinnen ... Freiheit annehmen

Kapitel Fünfundzwanzig

Dieser Weg ist unser wahres Zuhause,
weil er das Zuhause aller Dinge
im Himmel und auf der Erde ist.

Dieser Weg wird uns nie von einem anderen Wesen trennen. Wir beteuern, dass alle lebenden Wesen ihrer Eigenart entsprechend diesen Weg entlang geführt werden. Diese Beteuerung steht im Gegensatz zu unser aller Gewohnheit, sicher zu sein, dass wir in die richtige Richtung gehen, weil wir sehen, dass andere in die „falsche" Richtung gehen.

- ☯ Wen grenzt du aus als „die da" – die falsch, unwissend oder irregeführt sind?
- ☯ Wie wirkt sich das auf deine Lebenserfahrung aus?

Es gibt nicht „die da" … es gibt nur uns

Kapitel Sechsundzwanzig

Wir haben alles, was wir uns wünschen könnten. Warum also sollten wir aufgeregt umherlaufen auf der Suche nach etwas anderem?

Wir folgen einer tiefen und ehrwürdigen Tradition, also ehren wir sie mit vollkommener Aufmerksamkeit und Hingabe. Gleichzeitig müssen wir auf diesem Weg nichts „richtig“ machen. Wir können unseren Kampf und unsere Selbstverdammung aufgeben. Wenn wir aus Unachtsamkeit wieder in das Gefängnis unserer Konditionierung, unserer automatischen Reaktionen, geraten (und das wird immer wieder geschehen), nehmen wir das einfach nur wahr und kehren zur Achtsamkeit zurück. Kein Problem.

- ☯ Welche Stimmen drängen dich jetzt gerade, woanders hin zu gehen, etwas anderes zu machen, die Aufmerksamkeit auf etwas anderes zu richten?
- ☯ Kannst du diese Stimmen hören, ohne ihnen zu glauben?

Alles was ich brauche … trage ich in mir

Kapitel Siebenundzwanzig

Nicht mehr wählen und aussuchen:
das ist das große Geheimnis des Lebens.

Menschen und Situationen in unserem Leben, die uns ärgern und uns vielleicht sogar gefährlich werden, sind nicht bloß Lektionen über korrektes und unkorrektes Verhalten. Sie sind konkrete Repräsentationen der Angst, der Traurigkeit und des Leidens, die aus der konditionierten Vorstellung stammen, dass wir vom Leben abgetrennt sind. Sie sind hier, um uns Mitgefühl zu lehren und nicht Moral.

- ☯ Betrachte die Situationen und die Menschen, mit denen du gerade Schwierigkeiten hast.
- ☯ Welche Urteile nimmst du wahr?
- ☯ Empfindest du auch Mitgefühl?

Alles sehen … in Mitgefühl

Kapitel Achtundzwanzig

Abgeschnitten von unserem wahren Wesen
schaffen wir Formen und Rollen,
und strengen uns an, damit sie funktionieren.

Die Dinge des Lebens zu erschaffen und herzustellen, ist kein Problem. Es kann Freude bereiten, irgendetwas von einem einfachen Spielzeug bis hin zu einem komplexen Betrieb zu entwerfen und zu gestalten. Wenn wir jedoch bei diesem Prozess ein Gefühl von ständiger Anstrengung wahrnehmen, könnte es wichtig sein, tiefer führende Fragen zu stellen.

☯ Entsteht deine Arbeit aus deiner Verbindung und deinem Mitgefühl mit allen Wesen oder geht sie aus einer angstvollen Unruhe hervor, die darauf beharrt, dass du getrennt und immer in Gefahr bist?

Tun … was mein Teil ist

Kapitel Neunundzwanzig

Unsere Aufgabe besteht darin, all dies zu sehen, ohne es ernst zu nehmen.

Das Auf und Ab unseres Lebens nicht ernst zu nehmen, bedeutet nicht, all das als belanglos abzutun. Unsere Freuden und Sorgen sind sehr real und wir müssen sie alle voll und ganz fühlen. Wir brauchen uns jedoch auch keine Geschichten über dieses Auf und Ab zu erzählen, als ob wir Personen in einem Drama wären. In einem Drama können wir außerhalb der Geschichte stehen und auf einen befriedigenden Abschluss warten. Im wirklichen Leben gibt es keinen feststehenden Abschluss. Ein Augenblick führt zum nächsten, ewig wechselnd. Wer weiß, ob überhaupt der Tod ein Abschluss ist? Warum alles in Geschichten einsperren? Warum es nicht einfach erfahren?

- ☯ Welche Geschichten erzählst du dir gerade in diesem Augenblick über die Ereignisse deines Lebens?
- ☯ Wie hindern dich diese Geschichten daran, vollkommen die Erfahrungen deines Lebens zu machen?

Vollkommen präsent … vollkommen lebendig

Kapitel Dreißig

Sich anstrengen bedeutet, Widerstand einladen. Widerstand einladen bedeutet, Leiden schaffen …

Einige Erfahrungen sind schwierig. Einige sind sogar äußerst schwierig. Das ist kein Problem und erzeugt kein Leiden. Anstrengung und Leiden treten auf, wenn ein bewusster oder unbewusster Teil von uns der Art und Weise, wie wir mit der Schwierigkeit umgehen, Widerstand leistet.

Zum Beispiel:
1. „Das beabsichtige ich zu tun."
2. „Aber ich *kann* das *nicht* tun. Das ist nicht fair!"

1. „Es gibt nichts, was ich in diesem Augenblick tun kann."
2. „Aber es muss *irgendetwas* geben."

☯ Welche Schwierigkeiten, denen du begegnest, verwandelst du in Anstrengung und Qual?

Schwierig … ist kein Problem

Kapitel Einunddreißig

Sobald eine Schlacht vorüber ist, legen wir die Waffen nieder
und weinen über das Geschehene.

Immer wenn wir die Erfahrung von Angst machen, suchen wir nach irgendjemandem oder irgendetwas außerhalb von uns, den oder das wir „Feind" nennen können. Dieser Feind gibt uns die Möglichkeit, uns vorzustellen, wir hätten eine Art Kontrolle über die Angst. Wir haben das Gefühl, wenn wir den Feind besiegen können, können wir auch die Angst bezwingen. Wenn wir aber erst einmal einen Feind geschaffen haben, lauert die Gewalt schon hinter der nächsten Ecke.

- ☯ Wie wäre es, die Erfahrung von Angst zu machen und nicht nach einem Feind zu suchen?
- ☯ Wie wäre es, von einer anderen Person angegriffen zu werden, uns zu verteidigen und dennoch keinen Feind zu haben? Wie könnte das unsere Antwort auf den Angriff verändern?

Niemand … ist mein Feind

Kapitel Zweiunddreißig

Wenn wir aufhören, Unterschiede ernst zu nehmen, hören wir auch auf zu leiden.

Nach Frieden zu streben bedeutet, sich außerhalb von Frieden aufzuhalten. Es ist wie die klassische Geschichte eines Menschen, der Fahrrad fährt und sich zugleich dauernd nach einem Fahrrad umsieht, auf dem er fahren könnte. Wir *sind* in Frieden. Es gibt keinen anderen Ort in der Realität, wo wir sonst sein könnten.

- ☯ Kennst du Menschen, die in Frieden gestorben sind?
- ☯ Wenn das möglich ist, kann es dann jemals einen Augenblick geben, wo du nicht die Möglichkeit hast, Frieden zu wählen?

Es gibt keine Trennung zwischen … mir und Frieden

Kapitel Dreiunddreißig

Andere Menschen zu überwinden,
erfordert Stärke.
Unsere geistige Konditionierung zu überwinden,
erfordert wahre Kraft.

Es ist eine interessante Wahrnehmung, dass unser Geist in seiner Konditionierung schnell von „Nabelschau" spricht, wenn das Bewusstsein unserer selbst sich vertieft. Dann macht er eine Kehrtwendung und nennt das, was tatsächlich nur egozentrische Beschäftigung mit uns selbst ist, „Realismus". Nur wenn wir uns selbst klar sehen, können wir unsere persönliche Kraft und Stärke erfahren.

- ☯ Welche Formen von Selbstkritik nimmst du wahr, während du deinen spirituellen Weg gehst?
- ☯ Wie hindert dich diese Kritik daran, deine eigene Kraft und Bestimmung zu erfahren?

Ich bin fähig … zu meinem Leben

Kapitel Vierunddreißig

Es ist das wahre Zuhause, zu dem wir zurückkehren,
dennoch wünscht es keine Verehrung.
Kein Wunder, dass wir es für groß halten.

Der Wunsch, Dankbarkeit auszudrücken, ist eine natürliche menschliche Eigenschaft. Formelle und nicht formelle Verehrungsrituale helfen uns bei diesem Ausdruck, solange wir uns daran erinnern, dass es nicht darum geht, dem Tao zu gefallen. Es geht darum, uns selbst Mut zu machen, aufmerksam und achtsam zu leben.

☯ Welche formellen oder nicht formellen Rituale feierst du, die dich mit Schönheit, Stille, Dankbarkeit und Mitgefühl in Verbindung bleiben lassen? Das sind die Gottesdienste dieses Weges.

Ich fühle Ehrerbietung … in jedem Atemzug, den ich tue

Kapitel Fünfunddreißig

**Wir wenden uns erst dann diesem Weg zu,
wenn wir alle anderen Wege
erschöpft haben.**

Ein Weg, bei dem es um Erwachen und Achtsamkeit geht, wird niemals populär sein, und es ist normal, dass solch ein Übungsweg Widerstand weckt. Solange wir glauben, dass wir Zufriedenheit und Frieden erst erreichen, wenn wir endlich Kontrolle über das Leben erlangt haben, geht unser Kampf um Zufriedenheit und Frieden weiter.

- ☯ Fühlst du Widerstand gegen diesen Übungsweg?
- ☯ Was will dir dieser Widerstand weismachen? Was solltest du lieber tun, statt diesen Weg zu gehen?
- ☯ Wie steckst du dadurch fest?

Nichts Aufregendes … bloß Frieden

Kapitel Sechsunddreißig

Wenn wir versuchen, etwas loszuwerden, wird es von Natur aus bleiben.

Unsere Konditionierung besteht darauf, dass wir Trunkenbolde werden, erblinden, auf der Straße enden, im Gefängnis landen, wertlos sind, fett werden usw., wenn wir nicht unsere Willenskraft benutzen, um Gedanken und Gewohnheiten zu verdrängen und bekämpfen, denen wir das Etikett „schädlich" aufgedrückt haben. Dieser Weg weist darauf hin, dass Selbstannahme Erfolg hat, wo Willenskraft versagt.

☯ Suche dir eine Gewohnheit aus, die du jahrelang erfolglos zu brechen versucht hast. Verbringe den nächsten Monat damit, dieser Gewohnheit zu frönen, wann immer du willst, *aber verzichte vollkommen auf jede Moralpredigt, jedes Schimpfen oder jede andere Form von Selbstbestrafung.* Beobachte lediglich, was geschieht. Falls es dir nach einem Monat tatsächlich schlechter geht, kannst du zur Selbstbestrafung zurückkehren. Wir wissen alle, wie man das macht.

Annehmen hat Erfolg … Widerstand versagt

Kapitel Siebenunddreißig

Wenn unser Geist auftaucht
und versucht, uns aufzuwühlen,
kehren wir zu der einfachen Stille
unseres natürlichen Zustandes zurück.

Als wir Kinder waren, spielten wir den ganzen Tag und schliefen die ganze Nacht, ohne uns bewusst Mühe zu geben. Diese Mühelosigkeit steht uns auch heute noch zur Verfügung.

- ☯ Erinnere dich an eine Zeit, in der du als Erwachsener in einer Tätigkeit völlig aufgegangen bist, ohne wahrzunehmen, wie die Zeit verging und ohne müde zu werden.
- ☯ Was hindert dich daran, das Leben mehr aus jener Perspektive zu erleben? (Wir machen hier keinen Fehler. Wir versuchen nicht, irgendetwas in Ordnung zu bringen. Wir schauen nur, auf welch vielfältige Weisen wir uns erschöpfen und ablenken.)

Energie in Hülle und Fülle … steht mir jederzeit zur Verfügung

Kapitel Achtunddreißig

Wenn wir nicht versuchen, gut zu sein, erfahren wir natürliches Gutsein.

„Versuche, ein guter Junge/ein gutes Mädchen zu sein“ ist die allgemein verbreitete Eltern/Lehrer-Ermahnung für jeden Jungen und jedes Mädchen in unserer Gesellschaft. Und jeder Elternteil, jeder Lehrer und jede andere Autorität hat eine andere Vorstellung davon, was „gut“ bedeutet. Wie wäre es, wenn wir nicht versuchen müssen, gut zu sein? Was wenn unser Wesen von Natur aus gut ist?

- ☯ Welche Regeln hast du über Gutsein gelernt?
- ☯ Wann und von wem hast du diese Regeln gelernt?
- ☯ Was geschieht, wenn du diesen Regeln folgst?
- ☯ Was geschieht, wenn du diesen Regeln nicht folgst?
- ☯ Was würdest du von Natur aus tun, wenn du diese Regeln nicht hättest?

Mein Wesen … ist Gutsein

Kapitel Neununddreißig

… rollen wir einfach dahin,
wie gewöhnliche Steine im Fluss.

Unser denkender Geist befürchtet, dass wir unsere Bedeutung verlieren, wenn wir keine Beachtung finden. So benutzen wir all unsere Energie, um positive Aufmerksamkeit auf uns zu ziehen. Das verschafft uns niemals die ersehnten Resultate und führt zur Erschöpfung. Wie wäre es, wenn wir all diese Energie dafür verwendeten, zu unserem wahren Wesen zu erwachen?

- ☯ Wo und wann spürst du in deiner täglichen Erfahrung das Bedürfnis, beachtet zu werden?
- ☯ Wo und wann bemerkst du, wie Erschöpfung einsetzt?
- ☯ Wenn dir das bewusst wird, kannst du üben, dir selbst die Energie von Mitgefühl und Annehmen zuteil werden zu lassen.

Im Tao … bin ich immer zuhause

Kapitel Vierzig

Alles im Kosmos
ist auf alles andere angewiesen.

Auf diesem Weg sei vor allem anderen liebevoll und sanft mit dir selbst. Habe Mitgefühl mit all deinen angstvollen und verwirrten Teilen. Es ist nicht nötig, sie in Ordnung zu bringen oder sie dahin zu bringen, sich gut zu benehmen. Alles ist Teil von dir, wie du Teil bist von allem was ist.

☯ Gibt es irgendeinen Teil, den du davon ausnehmen möchtest, wenn ich sage „Sei liebevoll und sanft mit dir selbst“?

☯ Inwiefern könnten die Teile des Lebens, die du wegstößt, am wichtigsten für dich sein?

Alles was ist … ist Teil von mir

Kapitel Einundvierzig

Am besten ist es,
sich diesem Weg hinzugeben.

Unser Geist wird unentwegt versuchen, unsere Aufmerksamkeit auf Verwirrung, Versagen, Hindernisse, Beschämung, Unpassendes, Argwohn und Unsicherheit zu lenken. Ich nenne das manchmal meinen „Irgendetwas ist falsch"-Geist. Die paradoxen Verse in diesem Kapitel helfen, diese Art von Konditionierung zu durchschauen.

☯ Belege die Wahrheit jeder der Paradoxien in diesem Kapitel mit einem Beispiel aus deinem Leben.

Das Formlose … gibt mir Form

Kapitel Zweiundvierzig

Es gibt keinen Gewinn ohne Verlust.
Es gibt keine Fülle ohne Mangel.

Unsere Kultur bestärkt uns in der Überzeugung, dass nur ein Leben erfolgreich ist, das maximalen Gewinn und minimalen Verlust aufweist. Dieser Weg versichert uns, dass Gewinn und Verlust einfach zum Gewebe der Existenz gehören. Die Weisheit liegt in dem Wissen, wie man sie kommen und gehen, steigen und fallen lässt.

☯ Das eindruckvollste Beispiel für die Notwendigkeit, dass Yin und Yang abwechselnd ihren Platz einnehmen, ist der einfache Vorgang des Atmens. Stelle dir mal vor, wie absurd es wäre, während der nächsten fünf Minuten nur einzuatmen.

☯ Welche anderen Beispiele für die Notwendigkeit von Gewinn und Verlust siehst du in deinem Leben? Wie denkst du darüber?

Alles kommt … alles geht

Kapitel Dreiundvierzig

Wir handeln ohne Aufhebens.
Wir lehren ohne viele Worte.

Eine Frage, die mir oft kommt: „Wozu ein Buch schreiben, wenn man nicht eine bestimmte Sichtweise vertritt?“ Wenn ich jedoch Worte aufs Papier schreibe, so klingen für mich diejenigen wahr, an die keine Bedingungen geknüpft sind. Ich weiß genau, wenn ich in das Bedürfnis hineingerutscht bin, dich von irgendetwas zu überzeugen. Dann werden wir zu getrennten Personen, der eine steht hier, der andere steht dort. Wir leiden beide. Vergib mir, wenn das geschieht.

- ☯ Welche Überzeugungsabsichten nimmst du in deinem Leben wahr?
- ☯ Was erzählt dir dein Geist, um dich zum Argumentieren zu bewegen?
- ☯ Wie bemerkst du den Unterschied zwischen leidenschaftlich über ein Thema sprechen und jemanden von irgendetwas überzeugen müssen?

Sprich mit Leidenschaft … und lass es los

Kapitel Vierundvierzig

**Wiegt Wohlstand
den Verlust unserer selbst auf?**

Waren herzustellen, zu verkaufen und einzukaufen, ist nicht verkehrt. Was wir uns ansehen wollen, ist die unbewusste Absprache mit unserem Geist, dass solche Tätigkeiten irgendeine Bedeutung dafür haben, wer wir sind und dass sie zur Zufriedenheit führen.

- ☯ Wie denkst du über dich selbst und über deine wirtschaftliche Situation – wie du dir deinen Lebensunterhalt verdienst, was du kaufst und wie du das beurteilst?
- ☯ Wo hast du diese Selbstbeurteilungen gelernt?
- ☯ Sind sie wahr?

Ich bin nicht … was ich kaufe und verkaufe

Kapitel Fünfundvierzig

Wenn wir klar sehen,
handeln wir mit Gelassenheit,
und genau das was nötig ist, wird getan.

Unser Geist wird uns vorhalten, dass wir weder die Zeit noch die Energie haben, all das zu tun, „was getan werden muss." Das ist nicht wahr. Wenn wir unsere Energie raubenden Ablenkungen durchschauen und aufgeben, sehen wir, dass wir genug Zeit und Können haben, um das zu tun, was in diesem Moment vor uns liegt.

- ☯ Richte deine Aufmerksamkeit auf die Art und Weise, wie erst eine Aufgabe, und dann noch eine und noch eine auf dem Bildschirm deines Geistes aufblitzt und alle nach Aufmerksamkeit verlangen.
- ☯ Wie zahlt sich in negativer und positiver Hinsicht dieser Prozess für dich aus?

Ich habe genauso viel … Zeit, wie ich brauche

Kapitel Sechsundvierzig

Mit jedem Atemzug zufrieden sein heißt, für immer und ewig zufrieden sein.

Die Aussage dieses Kapitels ist Ketzerei für die zeitgenössische Kultur. Ständige Unzufriedenheit treibt die Wirtschaftsmaschinerie an, und wir alle arbeiten in diesem Prozess zusammen. Auf der Jagd nach Zufriedenheit immer mehr haben zu wollen, ist die große Tragödie unserer Zeit.

☯ Meine verehrte Lehrerin, Cheri Huber, sagt oft zu mir: „Wenn du Zufriedenheit willst, sei zufrieden. Wenn du mehr haben willst, beschaffe dir mehr. Nur glaube nicht, dass ein Vorgang zum anderen führt." Was glaubst du, brauchst du noch, um zufrieden zu sein?

☯ Manche Leute würden sagen, dass Zufriedenheit nichts Gutes ist, dass sie Fortschritt verhindert. Wie wirkt dieser Glaubenssatz in dir?

Das ganze Leben … ist in diesem Atemzug enthalten

Kapitel Siebenundvierzig

Je mehr wir außerhalb unserer selbst nach Wissen suchen, desto weniger wissen wir etwas.

Wenn es uns gefällt, neue Orte zu erforschen und neue Informationen zu finden, steht es uns sicherlich frei, das zu genießen. Das Problem entsteht, wenn wir denken, wir werden etwas finden, das wir noch nicht haben. Wir müssen nirgendwo anders hingehen als wo wir sind und wir müssen niemand anderen finden als uns selbst.

- ☯ Was veranlasst dich zu reisen, selbst wenn es nur ein kurzer Ausflug ist?
- ☯ Was macht Reisen befriedigend oder unbefriedigend für dich?
- ☯ Wirkt der gleiche Prozess von Zufriedenheit/Unzufriedenheit auch in anderen Bereichen deines Lebens?

Alles was ich brauche … ist in diesem Augenblick vorhanden

Kapitel Achtundvierzig

**Wenn wir nach dem Tao streben,
lassen wir jeden Tag Annahmen fallen.**

Einige der üblichen Annahmen, die wir oft nicht hinterfragen:

1. Dass wir jemanden wirklich kennen.
2. Dass wir uns selbst wirklich kennen.
3. Dass jemand anders Recht hat.
4. Dass jemand anders Unrecht hat.

☯ Welche Annahme hast du darüber:
1. Wie der Tag verlaufen wird?
2. Was du tun kannst und was du nicht tun kannst?
3. Was eine andere Person tun wird?

Nichts annehmen … alles gewinnen

Kapitel Neunundvierzig

Wir schenken den Vertrauenswürdigen Vertrauen
und den nicht Vertrauenswürdigen ebenso.
So wird Vertrauen zu unserem Wesen.

Darauf zu vertrauen, dass andere Menschen sich so verhalten, wie sie sich unserer Meinung nach verhalten sollten, enttäuscht uns sicherlich. Darauf zu vertrauen, dass das wahre Wesen eines anderen Menschen dasselbe ist wie unseres, erfüllt uns mit Freude und Frieden.

- ☯ Wie enttäuschen die Menschen dich?
- ☯ Was tust du, wenn du von einem anderen Menschen enttäuscht bist?
- ☯ Welche anderen Möglichkeiten könnte es geben?

Vertrauen … eröffnet Möglichkeiten

Kapitel Fünfzig

Leben und Tod kann man nicht trennen.
Das eine ist Form, das andere ist formlos.
Das eine folgt auf das andere.

Einst bedrohte ein angreifender Soldat einen taoistischen Weisen, indem er sein Schwert schwang und brüllte: „Weißt du nicht, dass du einem Mann gegenüberstehst, der dir den Kopf abschlagen kann, ohne mit der Wimper zu zucken?" Der Weise lächelte und sagte: „Weißt du nicht, dass du einem Mann gegenüberstehst, der sich den Kopf abschlagen lassen kann, ohne mit der Wimper zu zucken?"

Der Soldat verneigte sich vor dem Weisen.

- ☯ Welche Vermutungen hast du über den Tod, die dein Leben einengen?
- ☯ Wie sähe dein Leben aus, wenn du diese Vermutungen aufgeben würdest?
- ☯ Könnten diese Vermutungen falsch sein?

Leben und Tod … sind eins

Kapitel Einundfünfzig

Das Tao drückt sich in jedem einzelnen Wesen aus.

Wir brauchen uns keine Sorgen darüber zu machen, ob wir dem Tao gefallen oder nicht. Selbst wenn wir zutiefst in unsere alten Gedanken und Verhaltensweisen verstrickt sind, bleiben wir ein Ausdruck des Tao. Das macht authentische Vergebung möglich und verleiht unserem Leben eine wunderbare Freiheit.

- ☯ Welche Erinnerungen bewahrst du an Handlungen, die beschämend und unannehmbar für dich sind?
- ☯ Wie würde dein Leben aussehen, wenn du wüßtest, dass selbst diese Handlungen dich nicht daran hindern konnten, ein geliebter Ausdruck des Tao zu sein?

Das Tao drückt sich aus … in mir

Kapitel Zweiundfünfzig

**Wenn wir unseren Gedanken folgen
und Ablenkungen nachjagen,
leben wir im Chaos.**

Wir sind zu dem Schluss gelangt, dass unsere Gedanken und Erinnerungen die Essenz unserer Identität sind. Ziehe die Möglichkeit in Betracht, dass sie vielleicht nur Gäste auf der Durchreise sind und keine beständigen Siedler. Positiv oder negativ, hilfreich oder hinderlich, annehmbar oder unannehmbar – sie sind alle unbeständig. Wenn sie gehen, bleiben wir.

- ☯ An welchen Gedankenmustern und Gewohnheiten hältst du fest?
- ☯ Wie wirkt sich das auf dein Leben aus?

Gedanken ziehen vorüber … Ich bleibe

Kapitel Dreiundfünfzig

Man braucht nur ein klein wenig Bereitschaft,
um diesen Weg zu gehen,
aber viele Dinge lenken uns ab.

Die Tatsache, dass du und ich in diesem Augenblick durch diese Worte verbunden sind, bedeutet, dass jeder von uns beiden die Bereitschaft hat, diesem Weg zu begegnen. Du gehst gleich wieder zu deinen Ablenkungen über und ich zu meinen. Aber dieses kleine bisschen Bereitschaft ist alles, was nötig ist, um uns immer wieder zu diesem Weg zurückkehren zu lassen. Und wenn wir zurückkehren, ist es so, als hätten wir ihn nie verlassen.

- ☯ Ohne dich dafür zu bestrafen, schau dir an, wie du dich von deinem Weg ablenkst.
- ☯ Schau dir ebenfalls an, auf welche Weise du zur Rückkehr bereit bist.

Jede Ablenkung … ist eine Gelegenheit zur Rückkehr

Kapitel Vierundfünfzig

Wir sehen uns selbst in jedem Menschen, dem wir begegnen.
Die ganze Welt wird unsere Familie,
unsere Gemeinschaft,
unser Land.

Ein Weg der inneren Selbstentdeckung ist seiner Natur nach ein Weg, der eine Verbindung mit der ganzen Welt herstellt. Weit davon entfernt, uns in einem Rückzug vom Leben zu isolieren, verbindet er uns mit der Essenz des Lebens in all seinen Formen. Alle Wesen werden uns ebenso lieb wie unsere nächsten Freunde.

- ☯ Nimm die Menschen wahr, die du heute triffst. Welche Eigenschaften, positiv und negativ, schreibst du jedem von ihnen zu?
- ☯ Wie sind diese Eigenschaften auch in dir vorhanden? (Kein Urteil darüber – nur ein zunehmendes Mitgefühl für alle, dich selbst eingeschlossen.)

Ich sehe mich … in allen, denen ich begegne

Kapitel Fünfundfünfzig

Die Ereignisse zu zwingen,
anders zu sein als sie sind,
bringt uns nur Kummer.

Harmonie ist nicht etwas, das wir erzeugen. Sie ist in jedem Augenblick sichtbar, wenn wir fähig sind, tief genug zu schauen. Selbst der Wunsch, irgendeine äußere Veränderung vorzunehmen, kann aus der essentiellen Harmonie unseres wahren Wesens entstehen. Wenn wir handeln, um etwas zu verändern, ist es wichtig, auf die präexistierende, bereits unter allem wohnende Harmonie zu achten.

- ☯ Was in deinem Leben scheint aus der Harmonie gefallen zu sein?
- ☯ Welche Veränderungen möchtest du vornehmen?
- ☯ Kannst du die essentielle Harmonie spüren, bevor du Veränderungen vornimmst, so dass die Veränderungen in Harmonie statt in Disharmonie entstehen?

Aus dem was ist … mache ich, was noch nicht ist

Kapitel Sechsundfünfzig

**Je besser wir diesen Weg verstehen,
desto weniger müssen wir andere überzeugen.**

Ein gutes Maß für die Tiefe, die ein Weg in unserem Leben hat, liefert uns die Wahrnehmung, ob wir versuchen, andere zu unserem Standpunkt zu bekehren oder nicht. Das Bedürfnis zu bekehren wurzelt in Unsicherheit und Selbstzweifel. Mitreißender Enthusiasmus ist ein natürliches Gefühl, aber kann in Unbehagen und Angst abgleiten, wenn man sieht, dass andere ihre eigenen, unterschiedlichen Standpunkte haben.

- ☯ Wie unterscheidet sich deine Erfahrung, je nachdem ob du ehrlich deine Meinungen und Ansichten äußerst oder ob du versuchst, jemanden zu überzeugen?
- ☯ Welche inneren Gefühle und Körperwahrnehmungen begleiten beide Vorgänge?

Ich bin ich … und du bist du

Kapitel Siebenundfünfzig

… geben wir daher auf, uns ändern zu wollen und entdecken, das wir uns ganz von selbst verändern.

Ein zentrales Paradox unserer Übungspraxis auf dem Weg ist die Entdeckung, dass Veränderung und Verbesserung ganz von selbst geschehen, wenn wir jedes Bedürfnis, unser Leben zu verändern und zu verbessern aufgeben. In uns wirkt ständig ein natürlicher Fluss von Güte, Frieden und Fülle. Unsere Übung besteht darin, diesen Fluss nicht mehr gewaltsam zu beschleunigen.

- ☯ Wie sähe dein Leben aus, wenn du in der Lage wärest, all die Reparaturen und Verbesserungen vorzunehmen, die du dir wünschst?
- ☯ Kannst du das jetzt fühlen?

Es gibt nichts zu verändern … alles verändert sich

Kapitel Achtundfünfzig

Wer diesem Weg folgt,
hat feste Prinzipien,
aber zwängt sie nie jemandem auf
oder verletzt andere in ihrem Namen.

Politiker stimmen fromm ein Lied über „Werte" an bei dem Versuch, politische Programme voranzubringen. Auf dem spirituellen Weg hingegen wird uns nahe gelegt, alle kulturell bedingten Werte als nebensächlich zu betrachten. Wir sind frei, Meinungen zu haben und sie angemessen zu vertreten, aber nicht, sie anderen aufzuzwingen oder andere zu verurteilen, weil sie ihre Meinungen nicht vertreten.

- ☯ Welche fünf persönlichen Eigenschaften schätzt du am meisten?
- ☯ Was geschieht in deinem Leben, wenn andere diese Werte nicht teilen?
- ☯ Wie könntest du dein Leben im Einklang mit deinen Werten auf eine Weise leben, die dich selbst oder andere nicht verletzt?

Verletze nicht … unter dem Deckmantel von Werten

Kapitel Neunundfünfzig

Wir bestrafen uns nie
für Dinge, die wir tun oder nicht tun,
so bleibt unsere Kraft verfügbar.

Die meisten von uns haben einen tief eingeprägten Glauben, dass es ohne Selbstbestrafung keine Selbstverbesserung geben würde. Das ist die Lebensführung der „Es wird solange Prügel geben, bis die Moral besser wird"-Haltung und die schafft nur Leiden. Bestrafung funktioniert niemals. Sie erweckt nur die Illusion von Kontrolle.

- ☯ Mache jedes Mal eine Notiz im Geist, wenn du dir sagst, dass du etwas „Falsches" tust oder tun willst. Nimm vor allem die feinen Verurteilungen wahr wie: „Ich hätte dort essen sollen statt hier" oder „Ich hätte dies tragen sollen statt das."
- ☯ Wie würde deine Lebenserfahrung sich ändern, wenn alle diese Selbstbestrafungen aufhörten?
- ☯ Würdest du außer Kontrolle geraten oder würdest du einfach nur aufhören zu leiden?

Niemals eine Notwendigkeit … für Strafe

Kapitel Sechzig

… ist das, was uns gewöhnlich leiden ließ, in Weisheit verwandelt worden.

Eine weise Frau sagte mir einmal: „Weisheit entsteht nicht daraus, alles zu verstehen, sie entsteht daraus, alles anzunehmen." Wenn wir mit dieser Wahrheit konfrontiert werden, sehen wir, dass wir oft gar nicht wirklich weise werden wollen. Wir möchten weise erscheinen, während wir immer noch versuchen, das Leben so hinzudrehen, wie wir es haben möchten.

- ☯ Wie wäre es, wenn alle die Dinge, die dich frustrieren und dich unglücklich sein lassen, in deinem Leben bestehen blieben, aber nicht mehr als Probleme angesehen würden?
- ☯ Mache ein Experiment, wähle ein bestimmtes Thema aus und gebe einen Tag lang vor, gebe einfach nur vor, dass es kein Problem ist.

Probleme … sind kein Problem

Kapitel Einundsechzig

Wir gedeihen, nicht weil wir bedeutend tun, sondern weil wir allen einen Platz einräumen und sie willkommen heißen.

Das Bedürfnis, bedeutend und außergewöhnlich zu erscheinen, wurzelt in Angst und dem Bedürfnis, sich zu schützen. So glauben wir, dass es unserer Sicherheit dient, wenn wir uns durch unsere Leistungen und Errungenschaften von anderen trennen. Wir heißen in unserem Leben nur die Menschen und Ereignisse willkommen, die unsere Vorstellungen und Interessen unterstützen. Das trennt uns von der tatsächlichen Erfahrung, die das Leben uns schenkt.

- ☯ Welche Menschen und Ereignisse sind willkommen in deinem Leben?
- ☯ Welche Menschen und Ereignisse sind nicht willkommen?
- ☯ Wie wirkt sich dieser Umstand auf deine Lebenserfahrung aus?

Ich habe Raum … für das ganze Leben

Kapitel Zweiundsechzig

Er ist die Zuflucht derer, die ihm folgen.
Er ist der Beschützer derer, die ihn nicht beachten.

Es ist niemals nötig, einem anderen Menschen zu sagen: „Gehe diesen Weg." Alle Wesen gehen in jedem Augenblick diesen Weg, ohne sich dessen bewusst zu sein. Alle werden auf dieselbe Weise beschützt, geleitet und genährt. Deswegen können wir jeden Menschen mit Achtung und Ehrerbietung grüßen.

- ☯ Wenn alle sowieso schon diesen Weg gehen, warum sollten wir ihn dann als Übungsweg annehmen?
- ☯ Auf welche Weise könntest du „Zuflucht" auf diesem Übungsweg finden?

Hier … finde ich Zuflucht

Kapitel Dreiundsechzig

**Es gibt keinen oberflächlichen Weg,
um unser Leiden zu beenden.
Das Leiden kann nur beendet werden,
indem wir uns ganz diesem Augenblick hingeben.
Genau das tun wir
für uns selbst und für alle Wesen.**

Das Üben von Achtsamkeit und Gegenwärtigkeit ist der einzige Weg, der uns wirklich mit der ganzen Welt verbindet. Eine heilende Verbindung mit anderen Menschen kann nur in der Realität des Augenblicks geschehen und nicht den unserem Geist eingeprägten Vorstellungen und Projektionen. Indem wir der Art und Weise, wie wir selbst unser Leben beschränken, mit sanfter Achtsamkeit begegnen, lassen wir die Kraft unseres Mitgefühls in die wartende Welt strömen.

- ☯ Bemerkst du innere Stimmen, die dir einflüstern: „Du bist selbstsüchtig und solltest mehr für andere tun?“
- ☯ Hat es Zeiten gegeben, in denen du anderen energisch und freiwillig geholfen hast? Was konnte dadurch geschehen?

Es gibt nicht ich selbst … und andere

Kapitel Vierundsechzig

**Wenn wir uns auf unserem Weg beeilen
oder uns unter Druck setzen,
entzieht er sich uns.**

Dieser Übungsweg ist nicht ein weiteres Tun, bei dem wir gut sein müssen. Er ist nicht eine weitere Zutat zu einem erfolgreichen und glücklichen Leben. Er dient nicht dem Aufbau eines neuen und angenehmeren Glaubenssystems. Er besteht einfach nur in der bewussten Bereitschaft, jeden Augenblick des Lebens anzunehmen und ihn vollkommen zu leben.

- ☯ Welches ist der einzelne kleine Schritt, der in diesem Moment auf dich wartet? (Für mich ist er nicht mehr, als die nächsten paar Sätze dieser Übung aufzuschreiben.)
- ☯ Was sagen die Stimmen, die dich vom gegenwärtigen Augenblick wegführen? Welche Techniken wenden sie an?

Der nächste kleine Schritt … ist alles, was ich tue

Kapitel Fünfundsechzig

Dies ist das Herz unserer Lehre:
voll und ganz leben,
mit Freuden zurückkehren.

Niemand wird je große Tempel bauen, um diesen Weg zu ehren. Niemand wird komplizierte Organisationsstrukturen mit Priestern und Lehrern errichten. Die Tempel existieren schon in den Bergen, Bäumen, Flüssen und Ozeanen unserer Welt. Das komplizierte Gebilde des menschlichen Körpers und die Organisationsstruktur des Kosmos sind mehr als genug.

- ☯ Wonach sucht dein denkender Geist in einem Lehrer – in einem Übungsweg?
- ☯ Wonach sucht deine Seele in einem Lehrer – in einem Übungsweg?

Ich lebe ganz … und kehre mit Freuden zurück

Kapitel Sechsundsechzig

Einer, der uns auf diesem Weg führt,
geht hinter uns.
Also hat unser eigenes wahres Wesen die Führung.

Wenn du eine Tugend in einem Lehrer siehst, so liegt das daran, dass diese Tugend schon in dir ist. Wenn du Kraft in einem anderen Menschen fühlst, so liegt das daran, dass du diese Kraft schon in deinem eigenen Wesen kennst.

- ☯ Mache eine Liste mit den Qualitäten, die du an jenen bewunderst, die du für weise hältst.
- ☯ Lese dir jede Qualität laut vor und füge vor jede von ihnen ein: „Ich bin …"
- ☯ Bemerkst du einen Widerstand gegen diese Übung? Was könnte der Ursprung dieses Widerstandes sein?

Ich bin … das was ich suche

Kapitel Siebenundsechzig

Mitgefühl ist die Wurzel all dieser Tugenden.
Es ist das ureigene Wesen des Tao.

Mitgefühl ist weder sentimental, noch interessiert an den Wünschen und Bedürfnissen unserer Konditionierung. Es ist die Energie, die uns mit der Gesamtheit des Lebens verbindet. Es versetzt uns in die Lage, mit einem offenen statt mit einem verschlossenen Herzen zu leben. Es schenkt uns die Fähigkeit, leidenschaftlich zu leben, kraftvoll zu handeln und gleichmütig anzunehmen.

- ☯ Wann könnte Mitgefühl entsprechend den Definitionen unseres konditionierten Geistes nicht „nett“ erscheinen?
- ☯ Welche Unterschiede bemerkst du zwischen der konditionierten Vorstellung von „Tugend“ und der Sache selbst?

Im Herzen von allem … ruht Mitgefühl

Kapitel Achtundsechzig

**Wenn Konfrontation entsteht,
begegnen wir ihr ohne Aggression.**

Es ist einfach, friedlich und nicht aggressiv zu sein, wenn die Menschen sich so verhalten, wie wir es gerne möchten. Die wahre Gelegenheit zu üben, erscheint, wenn wir Menschen begegnen, die uns wirklich ablehnen oder sogar angreifen. Können wir eine Antwort finden, die nicht aggressiv, aber dennoch kraftvoll und zentriert ist?

- ☯ Wie könnte eine nicht aggressive Antwort auf Konfrontation aussehen?
- ☯ Wie würdest du Kapitulation oder Verletzung vermeiden, ohne kaltem, unangebrachtem Zorn nachzugeben?

Ohne Zorn … bleibe ich standfest

Kapitel Neunundsechzig

Wenn Konflikt entsteht,
spalten wir uns nicht von uns selber ab.

Wenn wir Menschen als Feinde einordnen, entfernen wir die Wege zum gegenseitigen Verständnis. Wir beginnen, ihre Motive und Handlungen durch die Filter unserer eigenen Ängste zu beurteilen. Selbstrechtfertigung und Selbstschutz werden wichtiger als Offenheit und Achtsamkeit.

☯ Sieh dir Menschen an, deren Meinungen, Handlungen, Motive und Lebensweisen du zutiefst in Frage stellst – wie könntest du mit diesen Menschen verbunden bleiben und dabei doch deine eigenen Überzeugungen respektieren und ehren?

Auf der Gegenseite … und dennoch verbunden

Kapitel Siebzig

**… dieser Weg ist leicht zu finden,
und leicht zu gehen.**

Wenn wir uns mit einer konditionierten Ego-Identität identifizieren, die darauf aus ist, dass das Leben auf eine bestimmte Weise verläuft, ist Anstrengung nötig. Wir werden sogar diesen Übungsweg für den Versuch benutzen, das Leben in jene Richtung zu drängen. Wenn wir einfach zu unserem Atem, zum Wahrnehmen und Annehmen zurückkehren, löst sich die Anstrengung. Diese Übung ist schwierig für unser Ego, leicht für unser wahres Wesen.

- ☯ Welche Bereiche deines Übungsweges scheinen anstrengend für dich zu sein?
- ☯ Woran hältst du in diesen Bereichen fest?

Leicht zu finden … leicht zu gehen

Kapitel Einundsiebzig

**Wenn wir vorgeben, bewusst zu sein,
aber unser eigenes Leiden
nicht erkennen,
bleiben wir unwissend.**

Wenn wir uns in unserem Widerstand gegen das Leben verstricken, denken wir vielleicht: „Jetzt sitze ich hier schon wieder fest! Werde ich es denn niemals lernen?" Aber jedes Mal, wenn wir sehen, auf welche Art und Weise wir Widerstand leisten und leiden, ist das ein Segen für uns. Wir haben einen weiteren Schritt hin zu Klarheit und Freiheit getan. Wir haben eine weitere wunderbare Gelegenheit, die mentalen Gewohnheiten unserer Konditionierung loszulassen und einen wenn auch vielleicht nur kurzen Blick auf die Freiheit zu werfen, die uns erwartet.

☯ Welche Gelegenheiten, deinen Widerstand und dein Leiden aufzugeben, liegen jetzt in diesem Moment gerade vor dir?

Oh, gesegnete gute … Gelegenheit

Kapitel Zweiundsiebzig

Unsere äußere Identität
wird durch unsere innere Wirklichkeit genährt.

Wir sollten über die Anteile unserer Persönlichkeit, die mit Verurteilung und Kritik reagieren, nicht noch eine Schicht von Kritik legen – „Hör auf, so kritisch zu sein und immer alles gleich zu bewerten!" Unser wahres Wesen ist in der Lage, unsere ängstlichen Reaktionen zu akzeptieren und zugleich freundlichere und wirkungsvollere Antworten zuzulassen.

- ☯ Welche deiner Reaktionen während der letzten Tage weist auf Teile von dir hin, die angenommen werden müssen?
- ☯ Wie könntest du diese Teile annehmen, ohne ihnen das Ruder zu überlassen?

Ich nähre und akzeptiere … jeden Teil von mir

Kapitel Dreiundsiebzig

Uns wird nur gezeigt, wie man einen Schritt auf einmal macht
und sowohl Schaden als auch Nutzen
als wesentliche Teile des Lebens annimmt.

Manchmal verursachen unsere besten Absichten Schaden, während unsere Fehler unerwartet von Nutzen sein können. Wir sollten die Vorstellung aufgeben, dass wir das Leben kontrollieren können, wenn es uns nur gelingt, keine Fehler zu machen. Das gibt uns die Freiheit, den Schritt zu tun, der vor uns liegt, ohne das Bedürfnis, die unvorhersehbare Zukunft zu kennen.

☯ Was sagst du dir selbst über deine Fehler und Erfolge?

☯ Woher weißt du, dass das wahr ist?

Nicht nötig … nach der Zukunft zu greifen

Kapitel Vierundsiebzig

Der Tod ist ein natürlicher Teil dieses Weges.

Unser Übungsweg konzentriert sich weder auf den Tod, noch vermeidet er ihn. Weil wir lernen, klar zu sehen, was im gegenwärtigen Augenblick vor uns liegt, lassen wir den Tod seinen Platz in der natürlichen Ordnung der Dinge einnehmen. Geburt und Tod geschehen in jedem Augenblick und wir sehen, dass das eine immer auf das andere folgt. Wir tun das, was vor uns liegt. Wenn es Zeit ist zu sterben, sterben wir mit derselben Aufmerksamkeit und demselben Staunen, mit denen wir auch alles andere zu tun gelernt haben.

- ☯ Welche Ängste deiner Konditionierung fordern Aufmerksamkeit, wenn du an den Tod denkst?
- ☯ Wo und wann hast du diese Ängste gelernt?
- ☯ Wie beeinflussen sie deine Lebenserfahrung?

Ich lebe und sterbe … mit vollkommener Aufmerksamkeit

Kapitel Fünfundsiebzig

Jedermann ist so beschäftigt damit
zu bekommen und zu behalten,
dass keiner wirklich zu leben lernt, bevor er stirbt.

Lao Tse würde unsere Konsum-Kultur nicht als falsch verurteilen. Er würde lediglich fragen: „Wohin führt dich das?“ Er rät zu einem wahrhaft einfachen Leben, nicht aus moralischer Rechthaberei, sondern aus pragmatischem Mitgefühl. Übermäßiger Konsum und Kaufsucht entstehen aus dem Bedürfnis, Angst zu beschwichtigen. Vielleicht gibt es wirkungsvollere Wege, um sich von Angst zu lösen und sich dem Vertrauen zuzuwenden.

- ☯ Auf welche Weise machen Ängste dein Leben kompliziert?
- ☯ Welche kleinen Schritte könntest du machen, um einen Bereich deines Lebens zu vereinfachen? (Sei darauf vorbereitet, mit Mitgefühl auf die Ängste zu schauen, die auftauchen, um dich vom Weg abzulenken.)

Es ist ein Geschenk … einfach zu sein

Kapitel Sechsundsiebzig

Unsere natürliche Zartheit
ist unsere wahre Stärke.

Altern ist ein interessanter Teil unseres Übungsweges. Einige Menschen scheinen weicher, sanfter und annehmender zu werden, während sie altern. Andere dagegen werden offenbar ängstlicher, rechthaberischer und einsamer. Auch wenn der Körper langsamer zu arbeiten beginnt und mehr Schwierigkeiten macht, können geistige und seelische Beweglichkeit weiterhin zunehmen.

- ☯ Welchen Weg gehst du im Alter?
- ☯ Was tust du, um deine geistige und physische Beweglichkeit zu vergrößern?
- ☯ Wie öffnest du deinen Geist und dein Herz?
- ☯ Wie bringst du dich in deine Gemeinschaft ein?

Zartheit … ist meine Stärke

Kapitel Siebenundsiebzig

**Wenn wir Übermaß sehen,
vermindern wir es.
Wenn wir Mangel sehen,
beheben wir ihn.**

Unser Leben funktioniert am besten, wenn Einnahmen und Ausgaben in ungefähr gleicher Höhe fließen. Das bedeutet nicht, dass wir leichtfertig Mittel ausgeben oder dass wir nicht für gewisse Dinge sparen. Es bedeutet, dass wir uns erlauben, ohne Angst zu geben und zu nehmen. Es ist unsere Angst-Konditionierung, die uns ausgeben lässt, was wir nicht haben, und die uns horten lässt, was wir weggeben sollten.

- ☯ Wo gibt es ein Übermaß in deinem Leben? (Geld, Zeit, Fertigkeiten, Energie.) Was könntest du damit machen?
- ☯ Wo gibt es einen Mangel? Wie könntest du offen dafür sein, etwas zu empfangen?

Ich gebe und nehme … mit gleicher Leichtigkeit

Kapitel Achtundsiebzig

**Indem wir unser Herz all dem öffnen,
was schmerzhaft und schwierig erscheint,
tragen wir dazu bei, alles Leiden zu beenden.**

Wir halten Schmerz und Schwierigkeit weder für schlecht oder falsch. Daher brauchen wir niemanden zu finden, den wir dafür tadeln können, dass er irgendetwas verursacht oder nicht in Ordnung gebracht hat. Unsere Energie steht für wirklich sinnvolle Handlung zur Verfügung.

- ☯ Sieh dir deine eigenen Schwierigkeiten oder die eines Freundes an. Wen tadelst du oder wen hältst du für verantwortlich?
- ☯ Wie wäre es, wenn du das aufgeben würdest, gleichgültig wie gerechtfertigt es erscheinen mag? Wofür wärest du dann vielleicht frei?

Ohne zu tadeln … handle ich kraftvoll

Kapitel Neunundsiebzig

Unsere Zufriedenheit ist unabhängig von den Handlungen anderer.

Oft verbringen wir viele Jahre damit, uns ein zufriedenes Leben zu schaffen. Mit diesem Ziel im Geiste wählen wir unsere Freunde, unsere Geliebten, unsere Besitztümer, unsere Karrieren, unsere politischen Überzeugungen und unseren Glauben. Es funktioniert nicht. Nun wenden wir uns diesem Übungsweg zu und entdecken, dass Zufriedenheit unser wahres Wesen ist.

- ☯ Bei wem oder was suchst du nach Zufriedenheit?
- ☯ Wie würdest du heute leben, wenn du wirklich zufrieden wärest, auch wenn sich an deinem Lebensprogramm nichts ändern würde?

Zufriedenheit … ist immer möglich

Kapitel Achtzig

Obgleich die Welt voll ist mit
Sehenswürdigkeiten, die wir nicht gesehen haben,
sterben wir zufrieden,
weil wir wirklich gelebt haben.

Neue Orte zu besuchen und neue Dinge zu sehen, kann wunderbar sein. Das Problem liegt darin, überall hinzufahren, aber nichts zu sehen.

- ☯ Tue heute einmal so, als ob du an einem völlig neuen Ort lebtest und völlig neue Aufgaben hättest. Tue so, als sähest du alles und jeden zum ersten Mal.
- ☯ Halte immer wieder Ausschau nach etwas, was du noch nie gesehen hast, auch wenn es nur ein blaues Fahrrad ist, das am weißen Stamm einer Platane lehnt.
- ☯ Nimm den Widerstand wahr, der aufkommt, wenn du mit dem Gedanken spielst, dieses Experiment zu machen.

Alles ist immer … neu und anders

Kapitel Einundachtzig

**Worte, die wirklich von Nutzen sind,
gefallen unserem konditionierten Geist nicht.
Worte, die unserem konditionierten Geist gefallen,
sind nicht wirklich von Nutzen.**

Natürlich haben schöne Worte, die gefallen, ihren Platz. Die Frage ist: „Wem gefallen sie?" Worte, die unsere Meinungen, Glaubensüberzeugungen und Urteile unterstützen, so unterhaltsam sie auch sein mögen, tragen zu unserem Gefühl von Absonderung bei und sind daher nicht wirklich von Nutzen. Worte, die uns auf unsere Ganzheit und unsere Einheit hinweisen, sind schön für unsere Seele, aber werden vielleicht von unserem konditionierten Geist vermieden, verurteilt und zurückgewiesen.

- ☯ Mit welchen Worten nährst du dich täglich?
- ☯ Wer wird genährt – das getrennte, angstvolle, verurteilende Ich oder das mitfühlende, allumfassende Selbst?

Schöne Worte … des Lebens

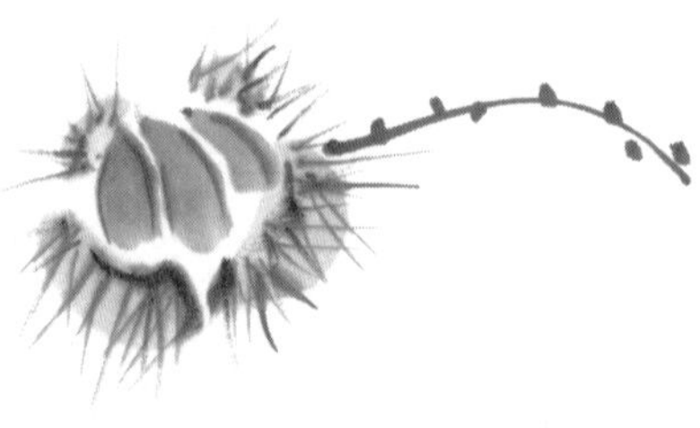

Nachwort

Mache den nächsten Schritt

Ein kleiner Schritt wartet genau in diesem Augenblick auf dich. Vielleicht wirst du einfach nur dieses Buch zuklappen und dir ein Mittagessen zubereiten oder zu einem der Kapitel zurückblättern und seine Aussage näher erforschen. Vielleicht willst du ausgehen und jemanden treffen oder Einkehr halten, um zu meditieren und nachzudenken.

Was immer du als nächstes tust, wird wahrscheinlich ziemlich gewöhnlich sein. Das macht auch nichts. Staunen und Ungewöhnlichkeit werden aus der Aufmerksamkeit und der Achtsamkeit entstehen, die du darauf verwendest. Mache dir keine Sorgen darüber, wie du dein Leben transformieren oder verändern kannst. Das wird ganz von selbst geschehen. Verstricke dich nicht in den Versuch, dich selbst oder jemand anderen „heil" zu machen. Weder du noch irgendjemand anders muss „heil gemacht" werden. Alle notwendigen Veränderungen werden sich von selbst entfalten, wenn du einfach nur in deinem Leben präsent sein kannst.

Möge dir dieses Buch eine Anleitung sein, aber niemals ein Ersatz für deine eigene Weisheit. Du bist vollkommen fähig zu allem, was dein Leben von dir verlangt. Du kannst niemals wirklich verloren gehen und du wirst unfehlbar zu deinem wahren Selbst zurückkehren. Möge dein Leben frei sein vom Leiden des Widerstandes und der Kontrolle. Mögest du immer die Liebe und das Mitgefühl finden, die in dir verborgen sind.

Geh und mache den nächsten Schritt.

Über den Autor

William Martin war nahezu zwanzig Jahre lang ein Schüler des Tao. Er hat einen Abschluss der University of California in

Berkeley sowie des Western Theological Seminary. Er ist der Verfasser von „Das Tao Te King für Eltern“, das sich weltweit großer Beliebtheit erfreut. In *Der Weg der Weisheit. Das Tao Te King für den Alltag* übersetzt und kommentiert Martin zum ersten Mal das komplette Tao Te King von Lao Tse. Zusammen mit seiner Frau Nancy führt er das „Still Point“, ein Zentrum für Taoistische Lebenspraxis und Zen Meditation in Chico, Kalifornien.

Notizen

Notizen